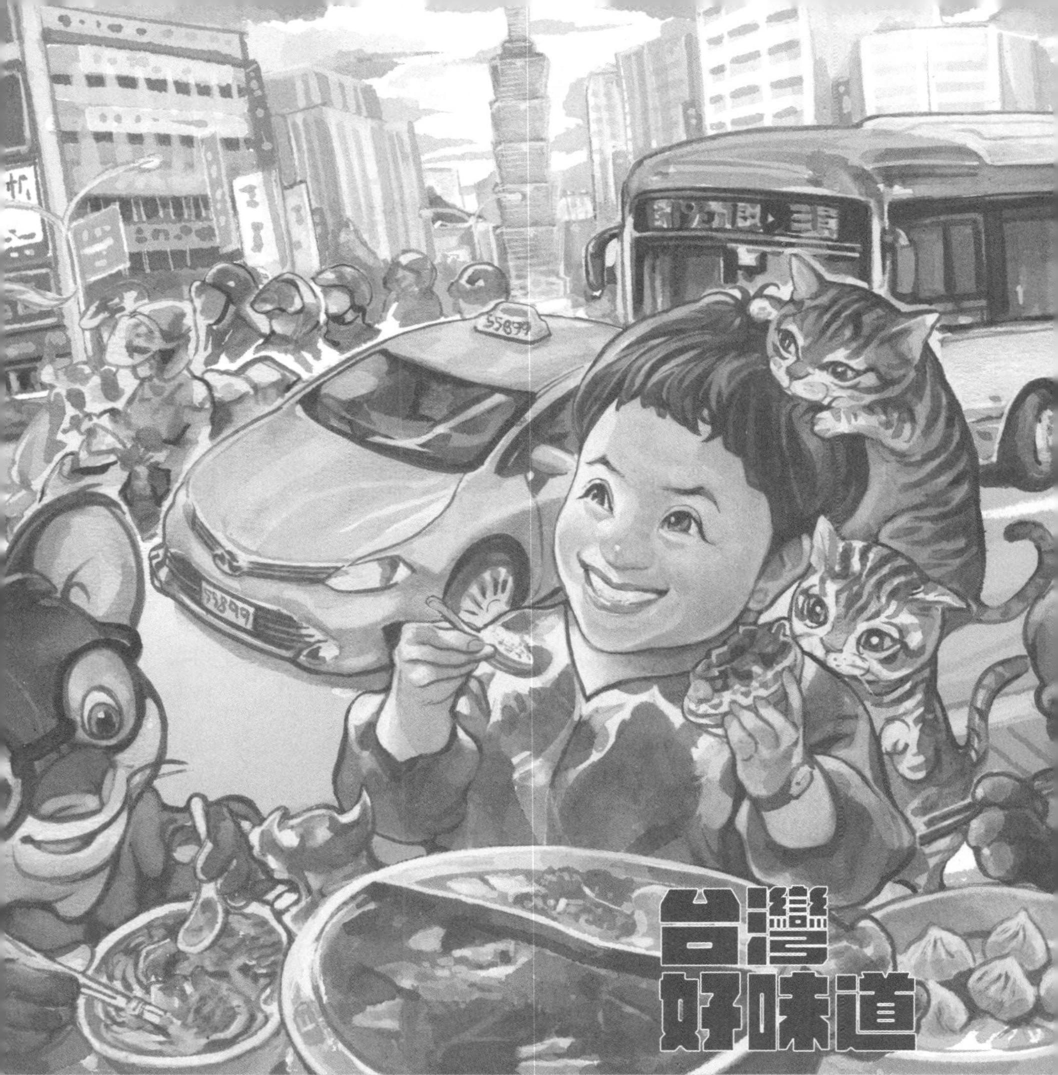

台灣好味道

by
盧覓雪

enlighten &fish 亮光

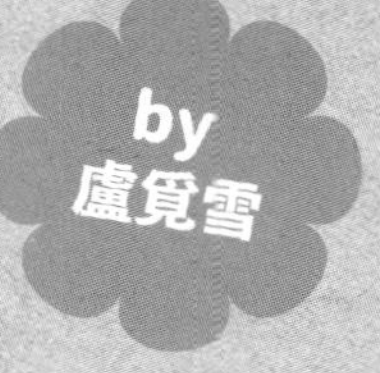

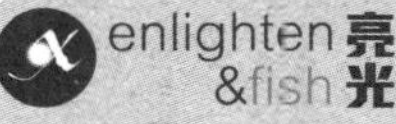

以美食之名的熱情與專情

黎慕慈

認識盧覓雪三十多年，我們曾經是同事，2001 年更在台北一起打拼過，除了工作，二人閒來有事無事就是去覓食。當年我們曾短暫共住在敦化南路一段的大套房，對面就是未喝過不算來過台北的雞湯名店驥園，行多兩步路到東豐街就是當時台灣明星名人最愛幫襯的黑武士麻辣火鍋，就這樣，我們的美食地圖從此開始，像蜘蛛網一樣擴散到整個台北，爾後往外伸至宜蘭、台中、花蓮、台南等地。

雪雪後來轉跑道加入商台做廣播，我則繼續留在台北發展，之後的四分一世紀，我們每次碰面，特別是在台灣，都是「美食優先」。

每次來台北前，雪雪都會問：「有乜嘢好介紹？」、「有冇新開嘅餐廳？」後來更會指定吃某一家美食、食某一種水果，我這半枝「盲公竹」的任務，就是發掘新餐廳或熱門小吃，儘量安排訂位，得力於傳媒工作遇到的在地美食記者及達人協助，終於成為她口中的「美食駐台辦」。

她願意費時間花心思，買機票訂酒店飛來台灣覓食，愛吃跟識食只是基本功，多年來我真正見證的，是雪雪對美食的熱情與專情。

熱情不止限於來吃高貴又真係貴的米芝蓮餐廳，她可以半夜五點起床，目的是去吃台南某家牛肉湯；她可以最近每次來台北，花比食物多一倍的的士錢，只是為了去排隊買大三元的韭菜盒子；還有某一年用國語跟老闆溝通結果語意錯誤的大笑話：本來她要帶一個六人份吃的冷凍麻辣鍋底結果變了六個鍋底，而她選擇付相等於這六個鍋底錢的行李超重費用帶回香港，而非在機場丟掉額外吃不完的，如此破費都是一種出於對美食熱愛的選擇。這份熱情，從未在她身上缺少過。

雪雪對心悅食物的堅持，絕對比愛情更持久。例如牛肉麵，她最愛是十多二十年前去的史記牛肉麵，這麼多年無論我如何推薦其他家，淺嚐一次後，最終她還是回去吃史記。

又例如雞湯。雖然她總是問有沒有可以跟驥園比併的，但試了幾家包括AI教父黃仁勳喜歡的春韭，讓她念念不忘的，始終還是驥園。

所以她自有一套台灣美食的標準：以上的牛肉麵與雞湯外，鴨血是詹記、滷味挑信遠齋、吃梨要吃豐水梨、食魚就選紅喉、買臘肉必去南門市場。

還有書中提及的米芝蓮與滷蛋。

這讓我想起一段陳年舊事。年輕的時候，我們一起去尋訪一名懂「開天眼」的相士問前程。對方一看天生童顏的雪雪，就毫不客氣說：「魚翅就無你份，你最多食豬扒咋。」殊不知當年雪雪已經是吃遍香港美食的吃貨，神棍一開口就洩了底！如今看來，美食如人品自然無分貴賤，對雪雪來說，拿了三星米芝蓮的餐廳不一定是極品，便利店的二十元台幣麻辣滷蛋反而不容錯過。

所以如果大家相信她的味蕾，這本書《台灣好味道》就是個寶藏，不會錯。

一個台灣人靠香港人發現台灣好味道

柯佩君

被邀請來寫《台灣好味道》推薦序，說實在有點疑惑，畢竟說到吃，我的飲食習慣近乎固執，甚至自閉。不愛排隊、不愛嘗鮮、不愛吃不熟悉的東西，熟門熟路的店家才是我的舒適圈。家人對我飲食一成不變的偏好，幾乎到達無法忍受的地步。高中時，媽媽曾經因為我連續一週七天每天三餐都只吃她包的餃子，最後拒絕再包，說她連看到餃子皮都怕。身為一個土生土長的台灣人，我心中的台灣美食地圖，只會出現我固定吃的那些，往往跟美食達人，甚至是一般大眾，有著明顯的差異。所以問我：「台灣有甚麼好吃的？」老實說，我一貫的答案是：「我不知道。」

直到大概十年前，在朋友的介紹下，認識了雪雪。

我一直是個宅女，能在網上處理的事，我一定不會真人到場辦理，所以當年在見到雪雪本人之前，受朋友所託，在她尚未抵台之前，就為她當起雲端花木蘭，東市買鴨舌，西市買茶葉，南市買花生，北市買拌麵。這些我從來不覺得有

多稀奇的台灣食物，透過雪雪的採購清單，映入我的眼簾。我開始發覺，原來這些看似平平無奇的各式食物或零嘴，在一個外地人眼中，是如此不平凡。

認識她以來，聽到她為了一嚐某某餐廳特地飛出香港的次數，比我飛去香港追星多出好多好多倍。也看過她到了台灣五天北中南巡迴，只為了好吃的食物，為了探索更多道地風味。而且不光只是吃，她還會向店家或廚師了解這些餐點的故事，探究桌上的各項食材被選中跟組合搭配的緣由。

記得很多年前第一次在香港跟雪雪碰面，她帶我去富臨飯店，叫了幾道平常可能不太會有朋友帶我吃的食物。印象最深刻是炆鵝掌，我愛吃鵝也愛吃鴨，但卻未曾試過鵝掌鴨掌，富臨飯店炆鵝掌炆得好淋好入味，一改我每次吃鵝吃鴨總要吃大塊肉的喜好，猶記得當天明明吃得很飽，我們兩人還分了一大碗白飯，只為了要把炆鵝掌碟裡美味的湯汁都統統吃下。她也邀請我去半島酒店吃過下午茶，一邊跟我解說

英國人下午茶的歷史，還有那一層一層的下午茶點品嚐的順序，至今仍讓最愛在香港駐守在茶餐廳吃餐蛋治喝奶茶的我難忘。

前幾天她突然問我，愛吃台灣甚麼魚？喜歡怎樣的料理方式？在哪個餐廳可以吃到？我整個又是一片空白！魚，我最愛是奶奶過年做的紅燒迦納魚，但從沒印象在餐廳吃過，所以我差點回答 M 記的魚柳包，（看得出來我對美食的定義有多糟糕了吧？）然後她就開始跟我介紹起台灣有甚麼好吃的魚，哪一種魚要怎麼料理可以更帶出這種魚的風味（我只能在電腦前默默做筆記，準備下次外地有人來，這些就可以變成我招待朋友的武林秘笈）。

她對台灣美食的喜愛，米芝蓮推薦或是星級餐廳，她絕對不會遺漏，但她會跟我一起在大圓桌吃著麻辣火鍋，在人擠人的菜市場跟我一起吃路邊攤的芋頭米粉配黑白切，滷肉飯跟燙青菜這種台灣平民小吃就更不用說。我們也曾一早八點多為了吃西園路某間有名的現烤燒餅，頂著 30 度以上高溫

排隊 20 分鐘才能入座，然後坐在熱死人的店內看著年邁的老闆揮汗烤餅，只為了等待一出爐時能享受到外酥內軟的燒餅滋味。

接受她這麼多美食的招待與美食筆記分享，我能做的，就是努力擔任「台灣手信訂購專員」一職來回饋，也藉由每一次幫忙代購，對台灣各地的風味有更多的認識。

這本《台灣好味道》寫的是她在台灣吃過的美味、走過的地方、留下的笑聲與讚歎。她的文章就像她的人，直率、犀利、帶點毒舌卻又極度真誠。惶恐擔任本書推薦者的我，雖然到現在還是偏愛固定那幾味，終於慢慢體會到嘗鮮、踏出食物舒適圈，也是身為一個飲食 I 人的我可以做到的。

自序

因為工作同台灣結緣，但這個緣分不算長，過程中認識了一班同事，離職之後有好幾個一直保持聯絡，慢慢成為了朋友，如是者過了四分一個世紀了。

也沒想過同台灣美食的緣分會這樣深，可能係出於為食，亦有可能係八卦，更有可能係社會研究。我一直拿香港跟台灣比，我們本是同根生，全世界只有我們還在用繁體字，我們都經歷過殖民統治，日本統治台灣 50 年，英國則統治香港 156 年。國共內戰後蔣介石率領國民黨南遷台灣，來自不同省市的軍眷住在眷村的日子，也不分四川、湖南抑或江浙，在艱難貧瘠的日子，持家有道的婦女互通有無，交流煮食心得，於是出現了與別不同的眷村菜。香港受英國人的飲食文化衝擊，拿起刀叉享受自成一家的豉油西餐，成就了全世界獨有的茶餐廳文化。我常說台灣有眷村菜香港有茶餐廳，都是世上唯一的「好味道」，不輸對方。

在台灣生活的日子改變了我對某些食物的印象，台港兩地都吃滷水，但吃過「信遠齋」的燻雞、滷牛腱、醬豬蹄、豬耳朵，香港的滷水就是比了下去，不是香料下得過重、就是滷的時間不夠，有時切得也太厚。這不是看輕香港的飲食業，而是知己知彼百戰百勝！

我的世界從前只有茶餐廳的凍檸茶，家中長年都有格雷伯爵紅茶包，沒想過會在台灣學飲茶，凍頂烏龍、高山茶熱飲冷泡同樣止渴回甘不可多得。

吃火鍋也看到兩地飲食文化的大不同，在香港火鍋的主菜不是牛肉就是海鮮，但台灣除非是溫體牛（現在不用去台南了，去大直找「牛琅」就是），否則我只會捨牛取豬，理由得一個，台灣的豬肉實在太出色了，「圍爐」酸菜白肉鍋是我的心頭好，發酵過的酸菜令湯頭更合我意。

有時候面對台灣人我總是抬不起頭，不為甚麼就是見面時他們總帶著林林總總的伴手禮，香港不是沒有禮數而是找不到好的又或是合適的「手信」，又不想隨隨便便買一個胡亂送了就算，總是令我覺得困惑。送來送去都只是「德成」又或者「鳳凰邨」蛋捲，但人家回我一盒「福源」花生醬蛋捲，心裡只有一個「服」字，台灣完勝！

每次去台北很多時才四日三夜，回港前習慣把戰利品鋪在酒店床上拍張俯瞰圖，就讓我領略到農村婦女拿著大包小包穿的吃的返娘家的心情。實不相瞞，除了現吃的麻辣火鍋湯底、鴨舌、煙燻鴨翅膀、一口烏魚子、牛軋餅、韭菜盒、雞肫之外，米、麵線、豉油、黑麻油、臘肉、金針花、雪耳、茶葉、酸梅湯包、蓮霧、文旦、豐水梨、棗子、黃金奇異果都抬過不少回家。想起來每次送給朋友，得到的讚美令我臉上生輝猶如有功有勞獲封銜進爵。要知道帶某些食物之前確係需要動腦筋，帶定保溫袋、保鮮袋、食物盒、乾冰之外，哪些入行李箱哪些手提都要想得清楚，否則新鮮食物回到香港壞了、碎了就前功盡費！

這麼多年來往返台港，每次都食飽飽買多多，靠的就是在地朋友，是以特別鳴謝兩個好朋友，我的「美食駐台辦」黎慕慈小姐和「手信採購專員」柯佩君小姐一直成為我覓食台灣好味道的最強後盾！

盧覓雪

contents

滷味

麻辣涼麵

復興南路

台北知名清粥小菜老店「小李子」發佈公告，因店面所在建築物配合都市更新計劃即將拆除，原店面於 2025 年 4 月 30 日結束 35 年營業。不過老店同時宣佈未來將搬遷至附近地點繼續經營，盼老顧客們持續支持。老闆有感顧客多數只記得燈火通明嘅一面，於是特意喺日間拍攝店內熟悉嘅每個角落，包括石牆上嘅光影、窗邊嘅陽光同親自挑選嘅畫留個記念。

有聽眾傳咗呢段新聞畀我，未睇真嗰陣嚇咗一跳，睇真啲原來唔係結業而係市區重建業主收樓佢焗住要搬舖啫，唔係執笠！呢間店開咗 35 年，但數吓手指我去台北工作生活咗兩年計起，原來大大話話都幫襯咗廿幾年，都算係熟客仔，正所謂食開有感情吖嘛！好多人知我熟台灣成日都叫我推介一啲餐廳，我經常袋喺袋嘅幾間店唔係豆漿粢飯就係米粉湯，唔係牛肉麵就係滷肉飯，唔係麻辣火鍋就係清粥小菜，因為統統都係經濟實惠，唔會有預算問題，仲要基本上人人啱食！

當年去台北工作都係做傳媒，同嗰度嘅娛樂圈打交道，

一樣每個星期捱更抵夜咁埋版，成日都話我做印刷傳媒嘅時期正正係我經常食宵夜嘅日子。喺台北最早迷上嘅係麻辣火鍋，最高記錄係連食五晚，台灣同事食到怕咗開口求饒，我話：咁你哋建議食你哋想食嘢喇。跟住就跳上的士，聽住同事同司機講去復興南路，落車先至明白點解佢冇講門牌亦冇講店名司機照樣開車，幾乎成條街都係賣清粥小菜，復興南路係清粥小菜嘅同義詞。我問同事咁點揀吖？佢哋話其實賣嘅都差不多，視乎個人口味喇！

一般清粥小菜一入門口就見到好似自助餐咁，所有食物一碟一碟一盤一盤排得整齊，擺好晒喺枱面畀客人揀，有啲甚至係客人點，佢先至即刻喺廚房蒸或煎或炸，好似菜脯蛋，佢只有一碟樣板放喺度，客人真係點佢就會現做，上枱時包保新鮮熱辣辣。好多年前同屋企人去食，住外國嘅姨甥仔鄉下仔出城，食得好開心，結束行程嘅時候問佢邊一餐最難忘，佢話 Chinese buffet，佢嘅意思就係清粥小菜。我認為清粥小菜係家常台菜入門版，要內臟有內臟、要魚有魚、要雞有雞、要豆腐有豆腐，食葷食素悉隨尊便人人開心！食多幾次

試多幾間之後我開始明白，係嘅，我叫嚟叫去都係麻辣臭豆腐、五更長旺、菜脯蛋、鹹蛋苦瓜、炒蜆之類，但真正決定你入邊間食原來係邊間嘅粥啱口味。係呀，嗰碗地瓜粥嘅濃稠度係非常影響呢餐嘅食味。不過家陣復興南路已經今非昔比，都係嗰句，有得食好食喇！

小籠湯包

台灣知名連鎖餐廳鼎泰豐創辦人楊秉彝喺 2023 年安詳辭世，享年 96 歲，家屬盼低調辦理治喪事宜。楊秉彝 1927 年出生於山西省，1948 年國共內戰時期，坐上「花蓮號」從上海到台灣，先喺油行打工，到 1958 年決定自行創業，開設鼎泰豐油行。後來罐裝食用油普及，鼎泰豐生意日漸走下坡，到咗 1972 年開始轉型兼賣小籠包。當時有一位老兵好叻整小籠包，同楊秉彝商量喺鼎泰豐門口擺一張細枱仔做生意，結果小籠包生意極佳。於是楊秉彝見到商機，就同老兵學做小籠包，最後結束油行生意專心做小籠包。1995 年由兒子楊紀華接班，逐漸發展成目前嘅跨國連鎖餐廳規模。

曾幾何時，牛肉麵、麻辣火鍋同小籠包號稱台灣三寶，係遊客去台灣必吃嘅當地美食，好似話令到好多本省人唔多高興，因為呢三味嘢都係外省人帶去台灣，牛肉麵同麻辣火鍋係四川代表，小籠包就係江浙一帶嘅日常點心。若果你同我一樣，都係先喺台灣品嚐牛肉麵同麻辣火鍋，然後至去四川食反應會唔會都一樣：有冇搞錯，又會咁唔同嘅？後來坊間開餐廳嘅為咗顧客嘅期望管理惟有標明產地，來自台灣嘅

就一律加台式兩個字：台式牛肉麵、台式麻辣火鍋以茲識別。情況就好似港式茶餐廳、港式奶茶咁，一定唔會搞錯。

惟獨係小籠包完全冇水土不服，唔需要加台式兩個字去區分，原因講出嚟真係簡單到你唔信，當年國民黨民官武將嚟自唔同省份，北平、四川、湖南、山東、浙江，佢哋落腳之後就梗係要食番自己家鄉嘅味道，但係去邊度搵豆瓣醬？辣椒？閩南人都唔食，所以要由頭嚟過，大家都係靠記憶去整番出嚟，味道自然會有所偏差。小籠包比較簡單，只要兩種材料，麵粉搓成麵皮，包住剁碎豬肉做餡，當然小籠包嘅精髓在於啯一口湯，講嘅自然係技巧，起碼搵材料冇難度吖嘛！

記得當年住台北，鼎泰豐已經好有名氣，三兩個禮拜總會去永康街元祖店食小籠包、酸辣湯、排骨蛋炒飯，直至有個較年長嘅同事知道我未食過小籠湯包，就立即約埋我哋幾個香港嚟嘅同事星期日一早去，小籠包同小籠湯包嘅分別先講體積，小籠包大隻啲一啖食唔晒，小籠湯包就啱啱好一啖

一隻，外形上小籠包啲摺痕清晰喺晒個頂，就係我哋用筷子挾住個位，包保唔會挾穿皮啲湯汁唔會漏出嚟，但小籠湯包啲摺喺入面，所以外形上輸蝕咗。食味上，小籠包點醋連幾條薑絲一齊放入口，小籠湯包就有一碗蛋絲高湯一齊上，湯包就係咁解，連湯一齊入口，分外滋味。人就係咁，反正幾時想食小籠包都有，自此隔個禮拜日一早起身十點鐘就仆去永康街元祖店食番籠，嗰陣時只係星期日限時限刻供應一個鐘，要食惟有將就，幾時都話早起的鳥兒有蟲食，早起的人兒有湯包食！

庶民美食指南

2024 台灣米芝蓮指南嘅必比登推介名單喺 8 月時公佈，集中喺台北台中台南高雄共 126 家店上榜，剛巧全台小吃新指南第二屆「500 碗」早必比登兩日公佈，對比兩個名單發現原來共有 15 家店同時榮獲兩方評審一致認同嘅好評，15 家店分別係台北賣麵炎仔、一甲子飲食、小王煮瓜、天下三絕；台中就係小初店、鮮魚蠡蝦仁飯、繡球；台南就有吃麵吧、黃家蝦捲、開元路無名虱目魚、葉家小卷米粉；高雄就係前金肉燥飯、北港蔡三代筒仔米糕鹽埕分店、柏弘肉燥同埋橋邊鵝肉店。

我對「500 碗」非常有好感，因為主辦單位係基於本土色彩嚟評分，而且只集中小吃小攤小店甚至係一道菜式，即係台灣在地庶民美食指南。請 50 個知名人士推介，當中有名廚、美食家、藝人、企業家等。就好似第二屆嘅評審陣容集合咗「三金主持人」Lulu 黃路梓茵、金鐘視帝陳亞蘭、世界麵包冠軍吳寶春同陳耀訓、名廚江振誠、美食家徐天麟、謝忠道、老爺酒店集團執行長沈方正、富錦樹集團創辦人吳羽

傑，以及被台灣人冠以國師稱號、塔羅星象達人唐綺陽。每人推介 10 碗，所以總數係 500 碗。

其實我認為「500 碗」嘅參考值比較高，因為個個評審都有頭有面唔夠膽亂嗡。好似我食咗世界麵包冠軍吳寶春嘅出品十幾年，知佢有料到，而佢今次就將其中一碗畀咗台中藏阿胖烘焙麵包坊嘅葱麵包，仲話：「師傅不藏私，懂得比我多。吃他的麵包是一種享受。」下次去台中一定要搵呢個麵包世界冠軍都讚嘅麵包嚟見識吓！另外美食家徐天麟將佢嘅其中一碗畀咗台北大三元豆漿店嘅韭菜盒，呢個方便，我一陣就出發去台北，聽日就去拜會。其實韭菜同葱都係我好鍾意食嘅嘢，唔單單係名人效應㗎！

若然真係要計，2024 年最大嘅名人效應點計都係美籍台灣人、有 AI 教父稱號嘅輝達 CEO 黃仁勳，6 月喺台灣逗留十五日，留下嘅美食足印，有印刷傳媒索性做咗個地圖，方便讀者按圖索驥，畀我留意到佢為咗一個黃金雞湯，兩訪一

間叫春韭嘅私房菜，所以我緊係唔執輸喇，即刻搵人幫手訂枱，正所謂皇天不負有心人，又真係畀我訂到，哈哈！喺台北打滾咗廿幾年，從來冇另一間嘅雞湯好飲得過驥園雞湯，所以我懷住期待嘅心情，睇吓春韭同驥園邊煲正啲，名人效應幾好呀，起碼賺到我錢，憑美食促進到經濟效益囉！

台北三大難訂私房菜：鄒記食舖

中國市場監管總局就《直播電商監督管理辦法》公開徵求意見。該《直播監管辦法》建議強化直播間運營者責任，要求直播間運營者建立健全商品或者服務信息發佈審核、信息公示、身分核驗等制度，不得作虛假或者引人誤解的商業宣傳。

直播電商即係由一啲 KOL 領銜演出，香港有一段時間全民炒股，所以產生咗好多財經分析員每日喺唔同報紙、雜誌、電台、電視台幫市民講解同畀貼士，甚至要每次講完某一隻股票，都要申報佢本人有冇持有以示唔係收錢做嘢，有人戲稱呢類人士做「財演」——財經演員咁解，其實佢哋咪係財經 KOL 囉。以此類推，乜嘢界別都有 KOL，佢哋都出盡辦法 sell 唔同嘅嘢！但係某啲名人經常幫襯某啲餐廳一旦被傳媒報導，所產生嘅名人效應又點計數？佢哋明明冇收店家錢仲要埋單找數㗎，呢種間接 KOL 產生嘅問題一樣有結果，就係用者自付！

晶片生產商輝達老闆黃仁勳 2024 年旋風式訪問台灣，由於輝達股價屢創新高，黃仁勳所到之處都吸引到傳媒現場採訪，佢啲飯局有佢做東請人，亦有人哋請佢做客人，嘘冚到直程有傳媒幫佢做咗一個美食地圖，列晒佢食過嘅餐廳、私房菜、夜市、小店甚至路邊攤。我呢啲好事之徒梗係唔執輸，9 月同一班朋友共八人去台北玩，竟然畀我訂到佢去過兩次嘅一間以黃金雞湯著名嘅私房菜春韭，因為私房菜嘅關係，一晚得一枱，冇十個人以上都搞唔掂，要搵夠人食都唔容易，於是叫埋未食過亦好奇想試吓嘅杜汶澤，嗰餐食完之後覺得真係有啲急趕而來失望而回，我哋不約而同都話「把鬼」，覺得畀黃仁勳點咗。阿澤就話，另一間黃仁勳都有去食嘅鄒記就正喇，「我食過真係得」，聽到呢度我即刻話咁要訂嚟試吓喇，佢話鄒記淨係做熟客，去過先訂到，不過佢就訂咗 2025 年 6 月，我打蛇隨棍上，「咁你預我一個位，話畀我聽邊日我就飛過嚟啦！」

就係咁 6 月一個週末飛去就係為咗會一會呢間號稱三間台北最難訂私房菜之一嘅鄒記，臨飛先知道係阿澤同田蕊妮結婚二十周年紀念日，咁就更加要賀吓佢。鄒記老闆娘係杭州人，本來係開麵店，疫情期間應熟客邀請煮起私房菜，因為客人名單入面有台積電老闆張忠謀而聲名大噪。黃仁勳之所以去，其實係因為台積電請客。

我去嘅呢晚得到嘅菜單有薺菜春卷、葱花牛舌、竹筍鮑魚、醬燒蟹肉年糕、東坡肉海參、南瓜百合龍蝦、竹笙白菜雞、梅菜乾松子炒竹筍、香煎鱈魚、甜豆蝦仁炒麵，甜品係奶香桃膠西米露。想知呢餐有冇中伏？唔係想賣關子，時間真係唔夠，下一篇繼續。

鄒記下集大結局

我致力同台灣民間美食交流，廿幾年嚟除咗疫情三年，真係冇停過、冇斷過亦冇少過。上一篇講到我終於托杜汶澤嘅鴻福，食到台北最難訂嘅三間私房菜之一，鄒記。不厭其煩講多次張菜單先，有薺菜春卷、葱花牛舌、竹筍鮑魚、醬燒蟹肉年糕、東坡肉海參、南瓜百合龍蝦、竹笙白菜雞、梅菜乾松子炒竹筍、香煎鱈魚、甜豆蝦仁炒麵，同埋甜品奶香桃膠西米露。

其實當日中午同杜生杜太食意大利菜嘅時候，佢哋已經溫馨提示呢餐唔好食太飽，要留肚食晚飯，有兩味佢哋重點推介，就係醬燒蟹肉年糕同埋東坡肉海參，因為每個人都會起勢食啲年糕，而東坡肉就一定會要白飯撈汁，咁多澱粉質好易食飽囉！點知當晚第一道令我驚艷嘅係涼菜葱花牛舌，鄒記將成條牛脷拎去滷，滷好咗就切薄片上碟，放大量葱花喺牛脷上面，強調成條係因為咁先至有機會可以食齊前中後段唔同質地，我係牛脷控，平日鍾意厚切，但今次嘅做法對我嚟講都相當有魅力。

醬燒蟹肉年糕果然唔係浪得虛名，通常呢類菜式最精華嘅就係墊底索晒汁嘅粉麵，話晒老闆娘係杭州人所以佢放年糕，而且年糕嘅粗幼長短切到同粗薯條咁上下，我心諗啲汁點搞呀。見到真身先至記起江浙菜有別廣東菜，廣東菜嘅汁一般都係較稀同薄，江浙菜就啱啱相反出名濃油赤醬，菜名已經講得好清楚，醬燒即係個汁收到濃稠合度掛晒喺年糕上面，佢仲用咗兩隻膏蟹嚟煮個醬汁，食入口分外鮮美，叫人忍唔住挾完一條又挾多一條，你話死唔死？

然後東坡肉出場，氣勢唔輸畀碟年糕㗎，方方正正一嚿六乘四咁大嘅五花腩，深醬油色但皮脂呈現半透明仲充滿光澤，放落枱嗰吓見佢騰騰震用目測都知完全對辦，成三吋厚但只係用個大匙羹都切得開，足證火候夠真係煮得透。東坡肉用咗名貴嘅海參做伴碟，但我情願食多啖東坡肉，用啲汁撈多兩啖飯落肚囉！食咗幾個大菜之後嚟到尾聲自然就係食菜嘅時間，老闆娘鬼馬呀，用咗梅菜乾同松子去炒竹筍，梅菜乾負責畀味道但又冇遮蓋到竹筍嘅清甜，松子負責製造口

感層次，令到原本可以放棄嘅一道菜式，都係逼到我忍唔住起勢出手，就係咁我即刻訂枱，但今年訂就係訂明年嘅枱，等咪等囉，一年之嘛，我等得！

日式鳥燒

日本男神木村拓哉事隔七年再訪台灣出席代言活動，所到之處引粉絲瘋狂追星。除咗工作木村跑去天母嘅天東 86 牛肉麵，亦現身中山區古著店赤峰洋行，夜晚則直奔永康街鼎泰豐，仲喺社交平台曬出小籠包。由於木村拓哉過去曾收到台灣佳德出產嘅鳳梨酥，食完鍾意仲出咗個 post 令佳德銷售飆升；今次傳媒拍攝到有人拎住兩大袋佳德鳳梨酥送到木村拓哉下榻嘅酒店，相信係送畀佢拎返日本做手信！

男神喺台北去到邊都畀攝影機同群眾簇擁住，場面好熱鬧，見佢食嘅嘢就知道牛肉麵同小籠包確係去台北必食嘅，話知你係男神定女神。好明顯木村去得三日兩夜行程太短，食唔到幾多嘢，否則佢嘅台灣美食名單應該唔止係咁簡單囉！我懷疑日本人去到台灣係唔會食日本料理嘅，正如我哋去日本都唔會隨隨便便去食中華料理一樣，梗係食多啲當地美食先喇！單單係東京排個次序的話，日本料理方面要食齊壽司、炸豬扒、天婦羅、鰻魚飯、鐵板燒、壽喜燒、拉麵、居酒屋，至少要四日，再落去係意式料理同法式料理，都相當精彩㗎，

問題係每次去得五晚到一個禮拜，都唔係講笑，總係有啲嘢食唔切就要走人，惟有將個思念留喺心底等下次返去再補償。

台北我熟路，等我又推介吓男神有啲乜嘢好地方去，台式早餐肯定係其中一個極力推介，我去台北住酒店的話一定唔要包早餐，我懷疑一日嘅酒店早餐錢已經夠我食嗰次行程嘅所有台式早餐，真係價廉物美㗎。單係傳統早餐店，豆漿、粢飯、油條、燒餅、韭菜盒，要食齊又係要食四餐，我平時去都只係去嗰四日三夜，係咪唔夠時間吖？都仲未計米粉湯、刈包、麵包吐司……

台北有嘅日本料理係日本以外最多嘅地方，除咗台灣人自己開，亦有唔少過江龍，近年最令人驚艷嘅係 2023 年底由大阪開過去嘅燒鳥市松 fumée，喺大阪佢係米芝蓮一星名氣店，2024 年 8 月有幸攞到兩個位同朋友慶生，幫我訂枱嘅杜汶澤事前提示，因為呢餐本身係套餐，如果有任何付費追加嘅都要就啱㗎喇！最弊佢係兩個男人去食，我係兩個女人，

胃量唔同最後飽到上太空。食得飽肯定係讚美，即係食唔落都仲想食，食咗返酒店再食消化餅都要食。我唔擔心木村訂唔到枱，問題係付費追加就未必有同樣嘅菜式，係好亦係唔好，食唔番梗係唔好，但可以食到另外一啲，又唔錯喎！木村唔使多謝我住，食完再講都未遲！

光餅夾靠排骨

我每次去台北一個週末四日三夜，想食嘅嘢實在太多，有啲熱門餐廳仲要一早託朋友訂枱否則一世食唔到，都幾頭痛㗎！今次都係咁做，晚飯係一出機票就託人訂好晒先出發，喺桃園機場落機嗰晚就係去晶華商場嘅 fumée，大阪開到嚟台北嘅日式鳥燒，第二晚就去大直新開嘅商場春大直入面嘅牛埌溫體牛火鍋，第三晚就係開業六十年嘅榮榮園浙寧餐廳。

至於早午餐就彈性好多，反正早餐一定唔會食酒店嘅，我例牌飛返香港嘅嗰朝早要去街市買菜，會順便食個米粉湯，另外兩日就食豆漿粢飯同去古早味嘅咖啡店食早餐兼買手信。食晏通常都係臨時睇心情睇胃口先決定，今次就帶咁啱又喺台北嘅香港人去食咗餐老牌北平菜都一處，行赤峰街隨便入咗一間食涼麵嘅，最後一餐晏之前有一篇講咗，跟黃仁勳嘅美食地圖中咗伏。

今次想講吓六十年老店嘅榮榮園，廿幾年前住喺台北嗰兩年就有幫襯，佢好食但係一定要人多，以前有同事十個八個人容乜易湊齊人去，但家陣好多時單拖過去，要湊夠人數

都唔容易，所以已經好多年冇食過。今次再食感觸良多，因為一齊食飯嘅七個都係香港人，有四個已經住咗喺台北好幾年，三個就係遊客，由於相隔兩地，一年都係見嗰三、兩次，難得大家可以唔使轉台全程講廣東話去敘舊，有種講唔出嘅舒暢！

呢晚有味菜好想講吓，就係光餅夾靠排骨，光餅比燒餅厚身，餅身比較軟淋索汁，好適合將煮到軟爛嘅排骨拆肉連汁水一齊夾喺入面，效果就係中式漢堡包，但係比漢堡包好食得多，好在個包唔係好大個，否則胃量細嘅女士好容易食飽咗。呢類外省菜都係當年跟住蔣介石移居台灣嘅軍眷，用借來嘅土地延續家鄉味道，冇諗過今日又有呢種感受，唯一唔同嘅我哋都係香港人囉！

美食排名

世界 50 最佳餐廳 2025 全名單喺意大利都靈市揭曉，今年由秘魯利馬嘅 Maido 餐廳獲得第一名。有 14 間位於亞洲嘅餐廳入選 2025 世界 50 最佳榜單，分佈喺香港、曼谷、東京、新加坡同首爾等城市，其中香港嘅「永」為港爭光排名第 11，「大班樓」則排名第 19，兩間餐廳同時係 2025 亞洲 50 最佳餐廳。

其實早幾個月香港有 7 間餐廳入選 2025 年亞洲 50 最佳餐廳，除咗第二名嘅大班樓同第三名嘅永之外，仲有 18 位嘅 Caprice、21 位嘅 Neighborhood 、24 位嘅 Mono 、32 位嘅 Estro 同埋 41 位嘅 Ando。雖然我唔係好重視呢類排名，但係每年我都會細心睇一次，睇吓世界飲食大潮流嘅走勢。就好似每當我食到新餐廳，一路食一路會讚歎嘅嗰啲，會有預感應該會得獎，所以我睇呢啲得獎名單就好似睇賽馬結果一樣，睇吓自己貼唔貼中。

2012 年江振誠返台灣開佢第一間餐廳 Raw，當年台灣朋友問我下次幾時去，我豪情壯語同台灣朋友講你 book 到我

就飛過嚟食，果然佢係值得我咁樣飛一轉嘅，食完之後已經預計佢會攞星，即使佢舊年年中宣佈結業，但米芝蓮 2024 依然畀佢兩粒星。喺台灣掀起 fine dining 熱潮就係江振誠主理嘅 Raw。由於台灣呢方面起步較遲，所以台灣能夠打入亞洲 50 最佳餐廳嘅只有 26 位嘅 logy 同埋 35 位嘅 JL studio。偏偏 logy 目前只係米芝蓮二星，而 JL studio 多佢一粒係三星餐廳。

同大家講過我去台灣訂餐廳有個守則，就係三新一舊，咁先可以試多啲新嘢，又維持探望食開相熟嘅餐廳睇吓佢哋可唔可以維持到水準！舊年去咗一次台南，事前搵人幫手訂枱想見識吓 JL studio，又畀我哋訂到，於是喺台南返上台北就停台中食番餐，有兩個朋友仲特登喺香港趕過嚟，落機即刻撲落台中會合我哋，一班為食鬼係咪都算好有誠意呢。結果係點？急趕而來失望而回囉！但兩個禮拜之後米芝蓮公佈新一輪結果，佢由兩星升咗做三星嗱呀！

正如當年我食已經薄有名氣嘅態芮，說不上喜歡也沒有不喜歡，無阻佢逐步登頂成為台灣三間三星餐廳之一。又好似曾經獲得亞洲最佳女廚師嘅陳嵐舒，08 年喺台中開佢第一間 fine dining 餐廳樂沐，10 年內我去過 7 次，覺得佢終於搵到自己而又好食，諷刺地係佢喺 18 年宣佈結業前嗰次，你睇一個廚師磨刀 10 年先至搏到顧客一笑，真係唔容易。好彩佢 20 年轉戰台北，開牛肉麵店、麵包店仲有 casual dining，繼續前行。盡信書不如無書，所以我信嘅都係翠蓮假期不對外公佈嘅蕭翠蓮美食指南多啲！

史大正、史大華

國泰航空公佈 5 月載客量按年增加，首 5 個月載客量按年增加接近三成至 1132.57 萬人次。顧客及商務總裁劉凱詩表示，5 月嘅休閒旅遊需求一向較為淡靜，但今年載客率表現超出預期，達到 85%，創下自 2015 年以來嘅 10 年同月最高紀錄，受惠於大批留學生提前返港所帶動嘅強勁長途航線需求，以及今年 2 月份推出嘅機票優惠活動。此外，商務旅遊需求受惠於從香港前往內地，以及美洲和英國多個目的地嘅客流量而保持殷切。

香港人只要有一個長週末就去個短 trip，近近哋嘅台北、曼谷、首爾都係首選，東京就要多一日，至少五日四夜，但係香港人最叻請兩日變七日假搭頭駁尾去旅行；令到載客量增加竟然冇提到日本、台灣、韓國、泰國呢啲關鍵字？又會咁嘅？除非啲人去晒北上喇！就以我個人為例，2024 年總共出門 11 次，去咗 59 日，單係台灣都去咗 4 次，除咗台北亦有去台南同台中，由於一年內去多過 3 次，成功申請到外國人商務快速查驗通關，入境同台灣人一樣話咁快就過關，令我更加願意一去再去。

記得舊年去嘅 4 次其中一次係為咗睇台北藝術節嘅一個節目，《親愛的帕索里尼》，由蒂達史雲頓表演獨腳戲，啯晚睇完演出，兩個住喺台北嘅香港人加埋我一共三個港女去咗食宵夜，食嘅係台式麻辣火鍋，令我喜出望外。香港人本身都係鍾意打邊爐，但係我哋嘅湯底一般都係簡單為主，就好似我屋企，用蘿蔔、芫荽、皮蛋甚至罐頭雞湯噤咋，出街食我鍾意潮州嘅沙嗲火鍋，但自從食過台式麻辣火鍋，我即刻變心，因為麻麻辣辣當年對我嚟講係一種全新嘅味覺享受，啯陣時除咗去一啲名店，一個價錢吃到飽嘅連鎖火鍋店都唔放過，都留低過唔少腳毛。但係一個人對美食嘅追求係無止境嘅！

近年我最鍾意去嘅係難訂枱到癲嘅詹記，但係當年我最愛嘅麻辣火鍋店到今日都仲有幫襯嘅就剩低開喺東豐街嘅黑武士喇，雖然佢已經喺信義區商場開咗分店，我又都幫襯過，但係老店嘅魅力啱心水啲，雖然佢都重新裝修過，光鮮同光猛咗。喺台北飲食界中有個姓史嘅傳奇家族，我經常幫襯嘅史記牛肉麵，老闆叫史大正，佢有個妹妹叫史大華，佢曾經

開過一間叫嗎喇麻辣火鍋，亦係我嘅心頭好，後來唔知點解消失咗，有人同我講係因為個名畀人註冊咗，佢惟有改另一個名，就係咁好幾年先至重遇番，期間都只係食到佢嘅牛肉麵。難得嘅係呢兩兄妹嘅牛肉麵同麻辣火鍋都各自做得出色仲各有風格。當年已經有人同我講黑武士係佢哋大佬嘅，唔通史大正、史大華仲有個哥哥？經過明查暗訪，原來所謂大佬都仲係史大正，佢開咗黑武士生意上咗軌道之後就交畀佢細佬史大德打理。謎底解開咗，我哋只記住姓史嘅呢家人係品質保證就包冇錯！

秀蘭小吃

《彭博社》引述消息透露，軟銀集團創始人孫正義尋求與台積電合作，擬喺美國亞利桑那州打造一個價值 1 萬億美元嘅工業園區，用於製造機器人同人工智能。呢個計劃主要係要喺美國打造一個類似深圳咁龐大嘅製造業中心，讓高科技製造業重返美國。台積電已規劃在美投資 1650 億美元，並已喺其位於亞利桑那州嘅首家工廠開始量產。報導引述熟悉台積電嘅知情人士表示，軟銀嘅項目與台積電喺鳳凰城嘅佈局無關。

台積電呢三個字廿幾年前喺台北工作生活嘅嗰段時間已經響噹噹，經常見報上新聞，尤其係靈魂人物創辦人張忠謀，我對佢最深刻嘅印象嚟自佢嗰段黃昏戀，二人都有過一段婚姻，再婚時張忠謀 70 歲太太 57 歲。第二印象係因為佢喺鄒記食舖宴請黃仁勳，令我好奇想幫襯，最終托杜汶澤嘅鴻福食到，果然係名不虛傳。點解係佢介紹就係好嘢？其實件事好簡單，話晒張忠謀祖籍浙江，7 月就 94 足歲，正所謂食鹽多過我食米，佢食江浙菜一定多過我食台菜，咁啱鄒記老闆娘來自杭州煮得一手好嘅江浙菜囉。

最初登陸台北工作，臨時辦公室座落敦化南路二段，最常去食上海菜嘅地方有兩個，一個係遠企商場 B2 嘅紅豆食府，由於喺辦公室同一條路上面，行過去大概 10 分鐘路程，初嚟甫到人生路不熟，又費事諗，唔想諗嘢落樓食飯好自然行咗過去食晏。其實佢等於香港企理版嘅三六九，有麵食、點心同小菜，屬快餐類，因為喺遠企 39 樓香格里拉酒店就有一間高級上海菜醉月樓，以事論事，紅豆食府嘅性價比幾高㗎！

廿五年前朋友知道我要去台北工作，又深知我極度為食，臨別之前特意同我講想食好似上海媽媽喺屋企煮嘅上海菜就去秀蘭喇！最初我都以為秀蘭係廚師個名，原來係美麗的誤會囉，唯一冇誤會嘅係佢嘅食物水準真係一如朋友所講，就係住家菜口味，不過呢個上海媽媽煮得好過其他媽媽啫。秀蘭啯陣時全名係秀蘭小吃，據知佢係由屋企門口拍埋兩張枱賣上海冷盤開始，所以叫小吃，後來先開店。因應客人開口問點解唔整呢樣啯樣，佢就逐樣整放上餐牌，慢慢就喺上海人圈子紅咗。

講到明喺上海媽媽住家廚神，我覺得食極唔厭嘅菜式都係家常菜，烤麩、獅子頭、葱燒鯽魚、青椒塞肉、蘿蔔牛筋腩、茭白筍炒蛋、菜飯㗎咋。佢嘅獅子頭獨步單方，肉夠鬆軟入口即融，又冇炸到死實實，令佢同大白菜交換到溫柔，肉汁流畀大白菜，亦可以吸收到白菜嘅鮮甜酸香，成就一道可以下三碗飯嘅菜式。不過秀蘭小吃當年成名並唔係靠呢啲菜式，而係古龍臨死之前喺醫院偷走出去食咗一餐飯，然後寫咗喺佢嘅專欄，冇耐就死咗！佢當日其實只係食菜飯同一碗濃湯，真係家常之至，每次諗到自己喺秀蘭食過嘅菜式比古龍多，深感幸福，只不過名字轉咗小館後反而未去過！

港人自煮台北一星

幾年前台北台中米芝蓮指南公佈時，很多朋友傳短訊畀我，不外乎問：「這間一星餐廳是否真的好？」、「你有沒有試過這間三星餐廳？」、「下個禮拜去台北推介幾間餐廳嚟……」諗起呢件事，令我想喺度推介兩間餐廳 Longtail、Mume 畀大家。

呢兩間餐廳竟然有三個巧合嘅共通點：第一，都係一星餐廳；第二，兩間餐廳主廚兼老闆都姓林，林明健和林泉；第三，亦係最重要嘅一點，佢哋都係香港人。2020 年 1 月，我去台北睇大選、學整中式包點，當時冇諗過嗰一次會係我 2020 唯一一次出門，當時訂咗 Longtail 同兩個女朋友喺週末去食咗一頓滿意又愉快嘅大餐。

香港係國際大都會人才輩出，有時喺外地食到好嘅料理，主廚走出嚟跟客人交流時發現大家都係香港人，即時產生一種親切感，而且立即轉台用廣東話交談，嗰種感覺大家應該十分明白。其實兩位廚師仲有兩個共通點，除咗太太都係台

灣人，亦都因為台灣有好多出色嘅在地食材，佢哋先選擇去台北創業。

Longtail 同 Mume 都係新派法式 fine dining，即係冇 dress code 可以著便服，唔使扮到成隻雀去食飯，兩間餐廳畀我嘅整體印象十分良好，碰巧去台北的話可以去嘗試。唯一嘅煩惱，可能真係要測試食神有冇關照你，因為兩間餐廳都非常熱門，一位難求！

冇米落肚

日本農林水產大臣江藤拓日前就持續高企嘅大米價格發言時，稱自己從未買過大米，「支持者送了很多，在我家的食品庫裡多到可以出售」，惹來外界抨擊。首相石破茂隨即召見江藤作出「嚴重提醒」，江藤撤回有關言論並致歉。在野黨認為江藤嘅言論有問題，準備繼續追究。首相為咗得到消費者同國民嘅諒解，出言話：「對那些苦於應對米價飆升的消費者和努力種植大米的生產者，感到非常抱歉。」不過，佢表明唔會要求江藤辭職。

童年回憶入面有兩句話經常出自老人家 aka 長輩把口，就係「我食鹽多過你食米」同埋「你哋後生食米唔知價」，當時覺得佢哋誇張失實，唔係咩？食鹽多過我食米佢一定有腎病，只要去過吓超級市場都冇可能唔知一包米要買幾多錢，暗暗同自己講千祈唔好學佢哋。估唔到原來真係會有人唔知米價，做呢啲大臣都幾好，我意思唔係貪便宜，而係日本全國唔同產區唔同品種嘅米佢都可以食到，呢樣嘢真係有錢都未必做到。好似台灣咁，佢哋嘅農業部每年都會選出當年嘅精饌米，我鍾意食飯自然對金獎米有興趣，當年仲係做傳媒，

問跟開呢條線嘅同事：邊度買得到？答案係「產量太少，買唔到」！又會咁嘅？原來因為贏出比賽嘅通常都係精選一塊田嚟種，本身出產已經唔係多，剩低嘅都會喺當地發售，種米多數喺中南部，根本唔夠人搶！

台灣曾經受日本統治五十年，日本人當年改良台灣種米技術及米種，所以喺當地食飯好有親切感，講個笑話畀大家聽，我曾經一度好鍾意食滷肉飯，因為只有滷肉同米飯兩種元素，加埋就成為一碗好難抗拒嘅美食，直至我食到一碗難食嘅滷肉飯，覺得奇怪，點解會咁難食嘅呢？食真啲，原來係啲米飯唔夠靚，先至恍然大悟，其實我鍾意嘅係碗飯啫！自此對米飯嘅要求再高咗。

可惜今次喺台北過週末竟然冇一餐係食到飯嘅；有兩餐係最有機會食到飯，分別係都一處同埋榮榮園，一間食北京菜，一間食江浙菜，但北方口味就係以包點餃子甚至麵條為主，完全可以冇米落肚。喺都一處我哋點咗素菜餃子，一盤八粒每人分到兩粒，每一粒都係一啖過，只有菜蔬同粉絲調

味好輕手，食嘅係餃子皮嘅韌度咬勁同菜蔬嘅清甜。榮榮園仲癲，除咗另一篇講過嘅光餅夾靠排骨，我哋都有叫薺菜水餃，呢一味又係令成班友仔伊嘩鬼叫讚好味；最後上嘅係砂鍋糟缽頭，嚴格嚟講係酒糟煮豬雜，大家都讚個湯汁好味，有人建議叫碟麻油米線放埋入去索埋啲湯一定仲正，果然冇估錯，就係咁咪完美地錯過咗食米飯嘅機會囉！世事真係好難兩全其美！

蓬萊米大戰台稉九號

日本近期國產米短缺，台灣稻米進軍日本市場，台南市政府指出，今年 1 月至 5 月，台灣米銷往日本共 7759 公噸，係去年同期嘅六倍。台南市長黃偉哲話：好多東南亞國家對稻米進口採取保護主義，日本更加係「嚴苛」對待，日本國內缺米，米商來台採購，芳榮米廠白米成功進軍日本，讓日本消費者品嚐台南優質米，亦展現台南農業嘅實力與潛力。

台灣米同日本米根本係兩兄弟，日治 50 年，當年就引入日本越光米種植，雙方都係以米飯為主要食糧，呢方面一拍即合，幸好日本喺台灣留咗呢條血脈，今日唔夠米食都可以搵佢頂上，食住先。事實上，我去日本同台灣旅行都分外食多咗飯，就係因為佢哋嘅米真係好食過人，而且絕大部分都係自己種，就好似日本高級壽司店一定會有個木牌放喺當眼處標明「國產米」等食客安心。既然係食米民族，了解多啲相關知識係在所不辭。

喺台灣食到嘅米飯一般都係用蓬萊米，而且大多數係台南十一號，主要原因係品質高、收成穩定、價格低廉，主要

種植地區有台南、台中、嘉義、雲南、彰化、屏東，佔地超過九萬公頃。但係人都知池上米係全台灣最好嘅，所謂池上米實際指嘅係來自台東縣池上鄉所種嘅稻米，呢處以越光米同台梗九號為主，之所以名氣大全因喺日治時期曾被指定為進貢日本皇室嘅御用米。我都有食過池上米，確係有種獨特嘅口感。

講到台梗九號，都有個小故事可以分享，話說佢種植成本較高，唔係太多農夫願意種，產量唔多價錢亦相對貴，但係台灣人都願意花多少少錢買佢，於是有不法商人諗咗條絕橋，包裝標明係台梗九號，但農業部拎去化驗，發現有啲十粒米有七粒係台梗九號，有啲十粒先有一粒，最離譜嘅係有啲直情一粒都冇，呢招咪就係魚目混珠囉！

我去日本又或者台灣好多時都會托包二至三公斤嘅米返香港，經常一包夠食一年，就係因為啲米去得比較慢，所以我都學日本人將生米放入雪櫃保存，據理解咁樣做係為咗防止米蟲滋生，冷藏亦有助減緩米飯中澱粉嘅老化，讓米飯保

持較佳口感。買到好嘅米亦都識得保存，最後就學煮飯，可能係因為米種唔同香港食開嘅泰國絲苗，台灣人煮飯一般就洗米，洗到乾淨就會放少少水浸半個鐘頭先放入飯煲，煮好咗都唔即刻開蓋，等佢焗多 5 分鐘先打開飯煲，再扒鬆晒啲飯先揮落碗度，聞到香、入口鬆、米味夠，滿足晒我呢個大飯桶！

黃仁勳的花生醬煲粥

輝達創辦人兼執行長黃仁勳又一次旋風式橫掃台北，今次佢以科技界代表出任早前揭幕嘅 2025 年世界壯年運動會持聖火代表之一。到達台灣第二晚便宴請供應鏈嘅夥伴，包括廣達林百里、廣達副董梁次震、鴻海劉揚偉、華碩施崇棠、和碩童子賢、宏碁陳俊聖、光寶邱森斌以及去年缺席嘅仁寶陳瑞聰。由於出席重量級貴賓身價用新台幣計算會「破兆元」，所以台灣傳媒紛紛以兆元宴嚟形容呢餐晚飯！

咁啱得咁蹺，嗰個週末我都喺台北，台灣傳媒好鍾意黃仁勳，唔止公開場合連佢去邊度食飯都有即時報導，好似落機嗰晚同台積電總裁兼董事長魏哲家以及台積電嘅一班高層去咗台灣最難訂嘅鄒記食舖食私房菜。第二日佢去咗一間叫做十二月嘅茶飲、粥品、私房菜餐廳食晏晝，兆元宴其實係第三餐飯。由於大肆報導嘅關係，搞到我都好好奇，呢間十二月究竟有乜嘢來頭連黃仁勳都會去食呢？即刻問我嘅「美食駐台辦」，佢話未食過但二話不說就即刻幫我訂咗星期日食 late lunch，方便我食完出機場返香港。

自從 2024 年黃仁勳返台灣獲得媒體瘋狂式報導，魅力征服台灣嘅民眾，搞到我都留意吓佢嘅美食地圖，佢離開台北之後，咁啱我 9 月又去台北，仲畀我訂到佢食咗兩餐嘅私房菜春韭，食完都好似有啲呢度講過畀大家知我中咗伏。所以今次又係適逢其會都冇抱任何期望去食呢餐。呢度寫到明食粥品，估計粥係佢哋嘅主打，偏偏台北唔係一個食粥嘅城市，我成日去食嘅清粥小菜食嘅係閩南人嘅地瓜粥，即係加埋番薯煮嘅白粥，同潮州粥唔同，更加唔好講廣東生滾粥。所以去之前我都十五十六，究竟係食乜嘢粥呢？坐低見到個餐牌就明白，佢係仿廣東粥但係又有自創成分，招牌粥係蟹粥，亦有雞粥、牛肉粥、豬肉粥等等。由於之前嗰晚食完溫體牛火鍋，用火鍋食剩嘅湯水煮咗煲碎牛粥，就決定叫一煲牛肉粥嚟做比對。

店員落單同客人講清楚佢哋嘅粥係會落花生醬、香菇呢類配料，如果有任何食物敏感就一定要提早出聲。落花生醬煲粥都係第一次食到，究竟會係點嘅呢？原來唔係太奇怪，

起碼我接受到，牛肉係一片片似我哋嘅滑牛粥，只不過粥底唔係我哋嘅食慣將所有米粒都煲到爆晒花又綿又滑，佢只係將啲米粒煲到最飽滿嘅時候就收火，就係因為咁成煲粥都略為「杰身」，味道方面其實 OK 嘅。食完呢煲粥我明白到，黃仁勳作為創科界嘅華人大佬，諗住學唔到佢嘅賺錢能力，跟吓佢嘅飲食口味都冇輸的話我都要宣佈投降，真係跟唔到呀大佬！繼續做番自己，享受窮風流餓快活開心算囉！

豬油渣炒山蘇

米芝蓮喺澳門公佈《香港澳門米芝蓮指南 2025》，有 95 家餐廳獲星，其中米芝蓮三星餐廳有 9 家，二星餐廳有 17 家，一星餐廳共有 69 家上榜。香港 Amber 由二星升為三星，澳門譚卉就一星變二星，而澳門嘅鮨吉祥宮川、瑞兆、雅吉、泓、香港嘅 Tuber Umberto Bombana、Ami 係新上榜嘅一星餐廳。

歌仔都有得唱，「滿天星幾多顆休問我，如情侶它不少不會多」。好彩我從來都冇認真對待呢類指南，否則年年都吐血身亡，一次都相當無謂，其實呢類美食指南同睇任何運動比賽一樣，每個人都有自己嘅心水，只要心水得唔到應有嘅賽果就會狂鬧球證偏幫對手吹黑哨，呢啲比賽我哋睇住現場轉播，成個過程清清楚楚都仲係唔服輸，點都要補一句對手今日好運啫！咁你話喇，呢類指南用嚟參考吓就無妨，認真你便輸了。

所以我自製咗「覓雪覓食指南 aka 蕭翠蓮美食指南」畀自己同問我攞料嘅親朋好友，雖然冇每年更新，但暗地裡係

有觀察留意佢哋嘅出品水平仲值唔值得繼續幫襯㗎！我有個習慣，喺一間餐廳食到一肚氣就會停止幫襯，隔咗一段時間啖氣消咗，如果有朋友約去嗰間餐廳我係會去嘅，唔介意別人出錢畀多次機會嗰間餐廳。最近朋友約我去一年前激死我嘅嗰間食福州菜嘅高級餐廳，記憶猶新呀，當晚我唔滿意嘅全部同菜式品質冇關係，都係前線人員嘅表現令人失望，就好似一場足球比賽，後防做得幾好都冇用，前鋒入唔到波都一樣輸波㗎喎。

嗰日食晏，朋友負責點菜，潤餅係唔可以唔叫嘅，一年前嘅版本同一年後都已經唔同咗，材料都係嗰啲，但一年前係畀個客自己包，一年後係相機食先，影完相之後伙記幫你包，包得扎扎實實醬料又落得均勻，食入口零舍唔同，基本上我即刻想追加一條！食到中場一碟豬油渣炒山蘇菜放落枱嗰一刻，我嘩咗一聲，然後嚴肅咁問個伙記，呢啲係咪台灣嘅野菜山蘇？答案「係」。我真係笑咗出嚟，台灣咁多種野菜，好似香港人鍾意嘅水蓮、川七都唔係我杯茶，惟獨山蘇我係一見鍾情，佢只需要有幾條銀魚仔、豆豉一齊炒就已經

好味到癲，脆口鮮嫩，食一次讚一次，百吃不厭。即使我經常去台灣，唔等於我每次去到都可以盡情咁食，都唔係咁容易食得到嘅！所以我另一個問題就係，呢碟豬油渣炒山蘇係咪會長駐㗎？答案理論上「係」，只要供應商唔斷鏈佢就長駐候教。咁就好喇，以後同心上人見面方便好多，唔使搭飛機，搭的士就得啦，哈哈！

高麗菜炒牛肉

有「珠峰男」之稱嘅55歲尼泊爾登山家卡米第31次攀上世界最高峰珠穆朗瑪峰，刷新自己嘅世界紀錄。卡米今次帶領22人組成嘅印度軍隊登山團，同另外27名雪巴人完成壯舉，佢不單止自己抵達山巔，亦帶頭同引導團隊中嘅最後剩餘成員登頂。卡米1994年首次登上珠峰，此後幾乎每年都帶客戶登頂。佢喺2024年第29次同第30次攀登呢座海拔8849米嘅山峰之後話，佢只係「工作」，冇創紀錄嘅念頭。但完成咗第31次登頂之後，佢表示好高興創紀錄；但讓佢更開心嘅係，登山可以幫尼泊爾獲得世界認可。至於非尼泊爾人登頂紀錄就由51歲英國籍登山家庫爾保持，佢都成功登咗19次！

其實都唔一定要攀登珠穆朗瑪峰嘅，反正每個人心中都有自己嘅一座山，有啲人可能唔止一座添！我心入面嗰座山講出嚟有啲搞笑，就係點樣可以喺生日月同各路親朋戚友食盡唔同嘅生日飯，希望儘量唔重複。睇番個日曆，今年嘅生日月係5月4號星期日開始，嗰日同朋友去食麵包自助早餐，朋友最後捧出鮮花同蛋糕，畀咗個驚喜我！之後就陸陸續續

要切蛋糕，連去台北玩個週末都切咗兩個，最搞笑嘅係上個禮拜有朋友想跟我去灣仔克街食蛋煎腸粉，嗰日中午日光日白食食吓忽然全場熄燈，然後老闆雄哥捧咗碟蛋煎腸粉出嚟，上面插住枝蠟燭，搞到全個場都知道我生日，個個都同我講生日快樂，我惟有面懵懵咁同所有人揮手表示謝意，嗰一下我覺得自己有啲似英國皇室成員同群眾揮手咁，笑死！

生日飯最難搞嘅係唔同朋友有唔同心思，雖然都會問想食乜，但我一般都係話乜都得，好彩食咗成個月咁滯都未有重複，截至目前為止咁多餐飯入面，最令我回味嘅肯定係台北食溫體牛火鍋，因為我係溫體牛火鍋粉絲，以前要食就要跑一趟台南，家陣喺台北就食到淨係慳番來回交通時間已經夠得賺咗。間火鍋店開喺大直嗰邊新開嘅春大直商場，有別於台南嘅草根簡陋，呢度走嘅係高檔路線，我哋四個人要咗個中鍋，我個「駐台辦」老友同老闆好熟，所以老闆特別為佢留咗三盤唔同部位嘅牛肉，仲親自示範點樣淥，佢係咁話㗎：放入唔係大滾嘅湯入面，左右各淥一吓就三分熟，各淥兩吓就五分熟，如此類推。

由於牛肉切得薄又冇入過雪櫃，每日成條牛劏好咗就直接送上台北，講真食味係分外好嘅，火鍋好食我預咗，但係呢晚叫我最驚艷嘅其實係一碟高麗菜炒牛肉，牛肉係啲邊位唔夠靚做唔成火鍋配料，但食得唔好嘥，用佢嚟炒高麗菜都係一個方法，冇諗過嘅係即使係邊位啲肉都靚過人囉，最離奇嘅係高麗菜嗰種爽脆都唔係一般食到，老闆解釋佢哋用嘅係高山種嘅，唔怪之得。所以我諗住下次去要叫兩碟，一碟佢哋分，我自己食一碟，咁先夠喉㗎嘛！

一個酸字串起

聳立喺大阪市金龍拉麵店嘅立體龍像因為越界侵佔鄰店空間，被判敗訴必須拆除，拆除工程喺凌晨一點開始，當年負責龍像嘅製作者亦有到現場觀看過程。工程人員用雲台升上二樓位置，用工具將龍尾切割下來，原來龍尾很輕，內裡只係發泡膠，將會收喺膠箱放喺店內最當眼地方展示。牆上空出嚟嘅斷面就被漆成金色。工作人員隨後更喺龍嘅左眼下方裝上粉藍色嘅淚水，意味哀悼被切斷嘅尾巴，相當有幽默感！

我懷疑去過大阪旅行嘅人都食過金龍拉麵，超過卅年前，第一次去大阪，四個人三個為食一個唔捨得食，負責帶隊嘅朋友諗住帶我哋去食活蝦刺身，有個朋友嫌貴，我其實都唔記得要幾錢一位，嫌貴嗰個仲話啲錢情願留番嚟買嘢，我哋三個話夾份請佢，佢覺得冇必要，叫我哋三個：你哋自己去食喇，我一個人食嘢冇問題。最後我哋唔忍心咁樣做，朋友就帶咗我哋去食金龍拉麵四個人都開心，因為好食又抵食囉！妙就妙在金龍拉麵其實係韓國人開嘅，你睇佢啲配料就知。

但我唔鍾意大阪，去咗幾次都冇興趣再去，但如果去京都途經大阪的話，我係好樂意去食番碗嘅！

喺台灣好多日治時期起落嘅官邸大部分都已經接近百年滄桑，而且全部唔准拆統統拎去保育，紀錄番當年嘅歷史。通常一個官邸只會變成一間餐廳或者茶室，我都幫襯過唔少呢類保育歷史建築物變成嘅餐廳，上個週末就去咗一間有八十年歷史，座落喺愛國東路嘅前刑務所所長嘅官邸，間餐廳有句口號：「當代料理、永續食材、歷史建築」，完美地描述咗間餐廳嘅輪廓同宗旨。始終係將一間人住嘅屋變成一間餐廳，間餐廳嘅大細就局限咗啦，好似呢間最多都係坐 14 個人，日式房屋必然有嘅花園、採光用嘅玻璃趟門一應俱全，亦都係我哋呢啲現代人最欣賞嘅地方，坐咗入去好似用時光機去咗人哋屋企食飯，幾正嚟！

呢日我哋食咗個平日晚餐假日套餐個 menu，即係貴少少咁喇，連開胃菜同甜品總共九道菜，都只係二千五百台幣，

六百多啲港幣，都係超值。番茄凍湯似食沙冰多啲，味道略帶酸，炎炎夏日相當醒胃，開咗個好頭。中間有一道酸菜白肉鍋變奏出嚟嘅，用酸白菜熬咗個清湯，中間有一片五花肉，再用韭菜花擺盤，望上去靚，飲入口帶酸，食入口唔肥唔膩，呢啲就係現代料理嘅抽絲剝繭重新呈現，要讚。結尾係用烏梅做雪糕，半溶芝士墊底，再加台灣出產嘅五印醋，效果唔輸畀意大利陳醋，就係咁用個酸味頭中尾咁連串咗成餐飯，創意同執行力都好，食完即刻再 book，因為下個月會有新菜單囉！

鱈蟹西施泡飯

2024 年尾，有傳媒整理 2025 年公眾假期再製作請假攻略，方便打工仔可以用最少日數達至最長假期，前設係以五天工作兼放週六日計算。最快亦係最抵放會係農曆新年，只要請兩日可放九日；勞動節同佛誕就請一日放五日；國慶日及中秋節翌日請三日放七日，實在係打工仔佳音。

可惜我從來都唔係跟公眾假期放假嘅打工仔，一出嚟社會做事就係做娛樂記者，記者幾乎係冇公眾假期嘅，越係假期越多嘢要採訪越忙，所以請兩日假放九日呢啲筍嘢從來都益唔到我，都唔知好彩定唔好彩？放公眾假期即係要同好多人一齊爭機票酒店，變相就係捱貴機票貴酒店。有細路嗰啲仲慘，公眾假期同學校假期要帶仔女去旅行，分明畀人揿住搶都冇計，除非唔去嘅啫！

於是人去我唔去，人唔去我先去；但都會中伏嘅，就好似上個週末去台北咁，訂酒店嘅時候發現經常去住嘅貴咗起碼五成，心諗又未到聖誕點解會咁嘅？去到先知道原來撞正台北馬拉松，唔怪之得喇！好彩酒店無喇喇將我升級到套房，

算係抵番條數即刻笑番晒。四日三夜食咗六餐餐餐都滿意真係極之好彩，其他文章會講第三餐羊肉爐同第五餐嘅鼎旺滷水雞腳，呢一篇就講吓第六餐，即係上飛機前嘅嗰餐晏，去嘅係台灣目前最火紅火熱，訂枱至少三個月先會食到嘅晶華軒。

晶華軒主廚係嚟自香港嘅鄔海明師傅，2019 年先至加盟，咁啱餐廳又重新裝修，點知一切就緒偏偏遇著疫情。正所謂有危有機，疫情關係，所有人都留番晒喺度，冇得去旅行就要搵嘢食㗎啦，就係嗰幾年已經累積咗好大嘅名氣，所以解封之後我都慕名去拜訪，第一次食已經讚不絕口，淨係一味玉簪田雞腿已經夠驚人，生拆蟹膏麻婆豆腐又惹味，條香煎紅喉魚連魚肝都煎埋上碟，生磨杏汁白肺湯又清又濃，已經見到佢嘅功夫同膽識，好難唔畀個讚！

今次嘅重點就係幫我訂枱嘅杜汶澤千叮萬囑話一定要點嘅鱈蟹西施泡飯，呢個泡飯係堂弄，泡飯嘅材料雪場蟹腳、帶子、蝦、芥蘭粒，一碟碟準備就緒，侍應開火煮熱個龍蝦

湯，根據材料需要嘅時間長短逐樣放落個湯度，又逐樣撈番起放落小碗入邊，當唔同嘅海鮮都已經煮好，另一個侍應就拎住一碗啱啱炸好嘅飯粒出嚟，即刻放落個湯煮泡一陣，就逐碗湯揮，侍應一路煮一路介紹，原來呢個就係冇寫住喺招牌嘅招牌菜，我哋一枱五個人一路食一路讚歎，又鮮甜又香濃又有口感又美味，呢碗泡飯就係美食講求嘅 wow factor 攞滿分！我成日有個疑問係咪廣東人先識得食粵菜？如果呢味嘢由鄔師傅加盟推出就已經成為佢哋嘅招牌菜，郭台銘老婆都推薦就知道美食無國界！

蟹膏蒸肉餅

2024 年 12 月美國《華爾街日報》報導，美國蘋果公司正準備推出一款較現時更薄嘅 iPhone 手機，另外仲計劃推出兩款可摺疊設備，包括大碼版 iPhone 同 iPad，係蘋果首次研發可摺疊產品。其中一款尺寸較大嘅設備，熒幕展開後嘅大小將與一些桌面電腦顯示器相約，大約為 19 吋，另一款尺寸較小嘅機型，展開後熒幕將大於目前嘅 iPhone 16 Pro Max，屬於巨型 iPhone。

市場永遠需要生產新品呢個講法係咪真嘅呢？我一直有懷疑。唔係咩？由細到大我哋上茶樓，唔係蝦餃就燒賣、山竹牛肉又或者乾蒸牛肉，豉汁唔係排骨就係鳳爪，叉燒包定雞包仔，鮮蝦腸粉又或者牛肉腸，就係咁食咗幾十年，好似都冇變過。再唔係叫碟炒粉麵，咪又係不外乎乾炒牛河、星洲炒米、乾燒伊麵、鴻圖窩麵。煲仔飯咁多選擇，頭三都仲係北菇蒸雞、窩蛋免治牛肉、鴛鴦腸，大家嘅口味幾十年都冇變，新產品其實有冇定企㗎？

蒸肉餅係廣東人嘅家常味道，喺台北主打粵菜嘅晶華軒食咗餐晏，其中一味就係蟹膏蒸肉餅，呢一味嘢近年喺香港都相當流行，唔同嘅餐廳都有提供，放隻蟹上個肉餅上面一齊蒸聽落冇乜難度，成味餸一睇就知係貪圖隻蟹肉汁喺蒸嘅過程流晒落碟肉餅度，蟹嘅鮮味唔係人咁品，當年第一次食到嗰種驚艷簡直係相逢恨晚。驟眼睇落係以本傷人嘅做法啫，冇乜大不了。但係食多咗就明白雖然各施各法，其實處理上稍有不同效果亦都差天共地。

蟹膏蒸肉餅邊個先係主角？隻蟹定係個肉餅呢？我個人認為梗係個肉餅啦，因為佢承受晒所有蟹嘅肉汁，蟹嘅鮮味直接提升晒成個肉餅，所以隻蟹嘅出現係要犧牲小我完成大我；選用乜嘢蟹直接影響食味。就好似踢波咁，點排陣就考起個領隊，論排名，奄仔、花蟹、肉蟹、黃油蟹、膏蟹點會冇分先後？話明蟹膏蒸肉餅，乜嘢蟹嘅膏就影響大囉，奇就奇在我向來嫌棄膏蟹，佢嘅排名從來都係最低，嫌佢啲橙色膏死實實都唔知有乜好食，偏偏呢味餸呢個位佢係最啱踢呀！

台灣豬肉向來有水準，為咗保護養豬業當局打擊非洲豬瘟不遺餘力，旅客唔可以帶任何有豬肉成分嘅食物進口，違例者罰款二十萬新台幣，我相信唔會有人會冒住罰五萬蚊港幣嘅風險，帶包豬肉乾畀朋友做手信啩！就係因為佢嘅豬肉靚，肉餅嘅嘢係豬肉剁出嚟，原材料靚幾乎點整都好食，所以呢個蟹膏蒸肉餅贏就贏在個肉餅，唯一要讚嘅係主廚鄔師傅藝高人膽大，放埋綠色嘅蟹膏落去一齊蒸，喂呀，移花接木呢個動作肯定犯規㗎，但蒸出嚟又香又滑幾好送飯呀，一枱五個人叫咗兩碗白飯，諗住一人食兩匙羹飯，結果我獨自隊晒一碗白飯，呢啲咪就係眼窄肚闊囉！冇眼睇呀！

膏蟹馬蹄蒸肉餅

觀塘協和街一間持牌新鮮糧食店懷疑以冷藏牛肉充當新鮮肉出售，違反持牌條例。食環署喺該店採取執法行動，檢獲約 503 公斤冷藏牛肉，並已即時銷毀，又卽時封存約 105 公斤預先包裝冷藏牛肉作進一步調查，抽取牛肉樣本進行防腐劑檢測，如有足夠證據，署方將提出檢控；另仍在調查冷藏肉來源。食環署提醒，任何人士未有批簽而售賣冰鮮肉或冷藏肉均屬違法。

小時候香港整體社會仲係貧窮，每個街市除咗新鮮肉檔亦總有好幾間凍肉舖，換言之唔係人人都食得起新鮮肉，以我屋企為例，幾時食新鮮肉幾時食凍肉呢？最終原來係取決於菜式，煎豬扒的話就去凍肉舖，蒸肉餅就一定要買新鮮豬肉，又或者炆雞翼就凍肉舖，整白切雞就要新鮮雞，呢個係我屋企不明文嘅做法。咁啱我個小學同學屋企開凍肉舖，當年成日喺佢舖頭度打蕫，睇住佢老豆將一大包一大包嘅豬扒喺冰櫃拎出嚟，雪到死實實，佢老豆拎起把豬肉刀逐條斬開一塊塊，眼見佢哋真係好好生意。

由細到大我鍾意食豬肉做嘅任何菜式，最喜愛亦係最尋常嘅一道菜肯定係蒸肉餅，蒸肉餅可以配搭任何材料結果都係好出色，梅菜、土魷、馬蹄、蝦乾都係一般家庭會做的。近年出現咗一個配搭，就係蟹蒸肉餅，喺香港除咗金東大仲喺同一條街嘅粥棧小廚都食過，各有各精彩。冇諗過去到台北，竟然喺晶華飯店晶華軒食到鄔師傅嘅膏蟹馬蹄蒸肉餅。

佢嘅做法係膏蟹以葱、薑蒸煮，取出後鋪喺肉餅上進行第二次蒸煮，肉餅採用兩個部位梅花豬肉同豬前腿肉混和而成，加入彰化鹽埔鄉馬蹄丁、平溪珠葱同鹹蛋黃，最妙嘅係佢將膏蟹嘅膏鋪喺肉餅上，方便大家混埋肉餅一齊食。大家可以想像蟹嘅肉汁流晒落肉餅度，令我唔叫碗白飯嚟送都搞唔掂，因為啲湯汁實在太美妙了。

然後我省起鄔師傅係香港人，蒸肉餅對任何一個香港人嚟講都係基本嘢，最攞命嘅係台灣豬肉就係高品質，唔當佢有其他材料加入去，純粹一碟蒸肉餅都一定贏晒，更何況佢

特登要用兩個部位就係要軟硬兼施，梅花豬肉本身有一定脂肪，前腿肉就夠 Q 彈，咁就做到三分肥七分瘦喇，任何出色嘅肉餅都一定係手剁唔可以攪拌。就係咁香港師傅遇上台灣好豬，咪跑贏成個江湖囉！

自己海鮮自己捕

有時幾羨慕台灣人，佢哋自己海鮮自己出海捕。上個週末去台灣快閃四日三夜，唔計早餐食咗六餐，第一晚食西班牙菜，係 tasting menu，西班牙料理海鮮係其中一個主要嘅項目，當晚其中一道菜個西班牙大廚就係用咗當地嘅胭脂蝦做刺身，同行入面一年有半年時間住西班牙嘅英國朋友忍唔住大讚：唔輸西班牙紅蝦喎！咁你就知呢個胭脂蝦嘅品質有幾好。

另一餐喺一座百年建築物改建而成嘅餐廳，雖然食晏但我點嘅係晚餐 tasting menu，其中有一味係煎帶子但放咗蜆湯，八個人嘅驚呼聲此起彼落，話就話係蜆湯，我認為係蜆汁，等同係我細時食到嘅蠔水而唔係蠔油嘅效果，點得咁鮮味㗎？一問啲蜆梗係本地蜆喇。仲有最尾嘅一碗鮑魚飯，用 risotto 嘅做法，用上在地冠軍米同九孔，九孔係台灣人對鮑魚仔嘅叫法，入口可以用門牙輕輕咬開，軟熟但冇煮老，就係隻九孔靚廚師手藝好嘅結果。

離開台北之前，台灣美食家朋友請我去目前台北最火紅嘅粵菜餐廳，就係晶華飯店入邊嘅晶華軒，主廚鄔師傅係香港人，疫情期間先至加盟，所以我都係第一次食到佢嘅手勢，最令我深刻嘅一味菜就係香煎海紅喉，紅喉魚係台灣貴價魚之一，佢似日本金目鯛，條魚未煮同煮熟都係紅色，鄔師傅將佢香煎，上枱時條魚鋪咗唔少得嘅葱，一見到佢我嘅童年回憶返晒嚟，佢根本就係我細個時候食嘅煎紅衫魚高級版，如果我當年食紅衫魚都食得咁高興，呢個高級版又點會唔好食？最正嘅係條魚有魚春，鄔師傅都煎埋出嚟畀我哋食，食得不知幾感動，最後我連魚頭都食埋。呢個時候我諗起我老豆，佢係魚痴、海鮮怪，生前有句話經常放喺口邊，就係：連魚頭都識得欣賞，嗰個就真係識食魚喇。姑勿論佢嘅講法是否正確，起碼我今日終於合格，成為佢心目中識食魚嘅人喇……

羊肉爐

啱啱過去嘅週末，我去咗台北探朋友食吓買吓 chill 吓 hea 吓咁啦，其中一個行程係同兩個月前攞到金鐘獎嘅張啟樂食餐飯，話晒一個香港人去咗台灣五年，娶咗台灣太太，仲要唔係用廣東話喺中央廣播電台做節目，最後攞獎真係叻。佢好客氣邀請我接受訪問，食完一餐飽到上天靈蓋嘅家常台菜，闔住眼瞓跟佢去坐車，瞓醒先發現原來台灣中央廣播電台正正就喺圓山飯店旁邊。嗰日破天荒用咗一個鐘頭用全國語做訪問，做完個人攰到要返酒店唞一唞先可以再出動食晚飯。

嗰晚同兩對移咗民去嗰邊嘅夫婦朋友，同埋幾個咁啱嗰幾日又喺台北嘅香港朋友一齊食羊肉爐，台灣羊肉爐即係香港羊腩煲，不過煮法食法都有啲唔同。去到現場簡直喜出望外，首先呢間餐廳毫無裝修，有種似係六、七十年代嘅簡陋，全部方形枱有大張細張，所有枱都比一般枱矮咗幾寸，所以我哋坐嘅係凳仔而唔係凳，枱中間有個窿係用嚟放鐵桶做嘅炭爐，客人落單個老闆就會先放鐵桶炭爐落去，然後再放個

瓦煲上去，冇錯，用真炭火，仲要係瓦煲去食呢個羊肉爐，呢種風味喺香港都已經消失晒，竟然喺台北搵得番，你話係咪爽呢？

最好睇嘅其實係老闆同兩個仔喺門口燒炭，一桶桶咁燒都幾壯觀，因為啲炭燒完客人未必食完煲羊肉，好似我哋咁，食完一煲又一煲，換咗三次炭，好好玩。因為一字排開成十個炭爐喺度燒，場面有啲似破地獄咁，笑咗！嗰晚天氣涼，得十零度，一班人圍住個真火炭爐，成個人暖咗一半，而嗰煲羊肉係用藥材湯煮嘅，食咗再暖埋另一半，雖然食味上同香港版好唔同，嗰煲羊肉爐其實係羊肉湯，所以食嘅時候我哋係連湯連肉一齊食，老闆建議叫啲菜放落去一齊煮，嗰碗嘢有肉有菜有湯，唔知係咪好多人都以為可以用個羊肉爐打埋邊爐，問到老闆都煩晒，索性掛咗個牌出嚟，寫住沒有火鍋料，「麥哥悶啊啦」！第一句大家都明白，第二句係台語「不要再問了」嘅意思。其實呢度除咗嗰煲羊肉之外，仲有小菜同我最鍾意嘅麻油麵線，呢晚我哋叫咗三碟麻油麵線，

同埋不斷叫鹹蛋苦瓜、炒水蓮、鹹蛋杏鮑菇、白灼蝦、白灼小卷，古人話有朋自遠方來，不亦樂乎！現代人搭飛機在不遠處飛去見朋友，亦一樂也！

鹹雞／砂鍋鴨

亞洲電視前財經主播喺社交網幫雪糕品牌賣廣告，但係廣告中佢並冇現身，而係由寵物貓做主角食雪糕，仲寫住「朱古力同雪糕對貓都是毒藥，但我的貓真的非常喜歡吃」，顯然清楚知道貓係唔應該食雪糕同朱古力，呢個 po 一出即刻畀網民怒斥明知故犯，嗰個品牌亦立即就事件致歉，而且即時終止合作。

可能因為我都有養貓嘅緣故，見到呢段新聞分外不齒呢種愚蠢又自私嘅行為，點解有人會笨到公開表演無知嘅呢？唔通佢真係覺得自己嘅行為冇問題？明知係毒藥佢鍾意食就任得佢食？唔係吓話！我係新手貓媽媽，養咗盧一虎、盧二虎四年四個月，除咗乾糧、罐罐呢兩樣主食之外，都有零食嘅，就係美國入口 frozen dry 原隻蝦仔同魚仔，仲有提升佢哋免疫力嘅補品，每日一粒 。

雖然呢對同胎兄弟唔係我親生只係領養返嚟嘅，但佢哋同我一樣咁為食，真係有名你叫：為食貓。大前晚，幫襯旅遊美食家水哥訂返嚟嘅鹹雞，加熱番之後一打開個膠袋，嗰

陣薑葱嘅香味直撲入鼻，即刻打開塊透明膠版，好似疫情時喺茶餐廳食飯咁將自己同半隻雞收埋喺個三角形入邊慢慢食，但係兩隻貓聞到味，即刻走埋嚟，一虎就坐咗喺我旁邊張凳度喵喵叫，二虎就跳咗上枱喺塊板前面兩頭騰想搵位捐入嚟同我一齊食，都係自己衰，食雞肶嗰陣打側身同佢哋演嘢，二虎睇準機會即刻跳落地再跳番上枱一口咬落隻雞肶度，我護肶心切到一掌推咗佢落地，唔係媽媽孤寒唔捨得請佢哋食，貓貓食得雞嘅，不過嗰隻係鹹雞，鹹得滯，對佢哋個腎仔唔好吖嘛！

前晚喺台南直送咗煲砂鍋鴨返屋企，呢煲鴨其實係用大白菜同成隻鴨一齊煲，仲加埋凍豆腐、秀珍菇、鵪鶉蛋同埋黃花菜，黃花菜即係香港人叫嘅金針，呢，金針雲耳蒸雞，阿雲耳個 friend 吖，台灣人亦都叫黃花菜做金針菜又或者萱草，佢嘅藥用價值同食用價值同樣咁高，西醫都認為有豐富嘅卵磷脂咁喇。我同一對夫婦朋友三條友，唔使一粒鐘隊晒成煲，嗰啖湯甜㗎，最後真係滴水不漏飲晒。兩隻貓成晚喺度扮日本人，一隻佐藤一隻佑藤，一虎向來斯文，二虎就非

常喉擒，成日跳上枱坐喺度扮睇我哋食嘢，但係睇吓睇吓就伸個頭埋嚟想舔個湯殼，一個唔留神就會畀佢得逞，不過呢個危機每次都化解到。其實我成日同佢哋講，小 BB，媽媽嘅食物你哋唔食得㗎，信我，我唔係得把口講㗎！

台南砂鍋鴨

小時候媽媽經常會去凍肉舖買雪藏雞髀，然後斬件用金針雲耳去蒸，有時會用薯仔去炆。我阿嫲因為嚟香港之後去咗打住家工，學識咗做一啲豉油西餐，佢會將隻雞髀去骨變咗雞扒，醃好咗之後就煎香佢，仲會有伴碟，就係將薯仔切片都係拎去煎，啲薯仔片煎完嘅質地係軟軟糯糯嘅，我細個嗰陣好鍾意食㗎，可惜當時唔係用刀叉否則真係似食緊西餐㗎。阿嫲煎雞扒同阿媽嘅薯仔炆雞，我都鍾意食，最唔鍾意嘅係金針雲耳蒸雞，因為啲金針係酸嘅，雲耳總係有一種「罨」味！

好多年前去台南一間飯店食佢哋嘅招牌菜砂鍋鴨，聽個名都估到呢煲嘢個主角就係隻鴨，大家都知道台灣人有幾鍾意食鴨㗎喇，成隻鴨由頭到尾都冇嘥，鴨血、鴨舌、鴨翅膀、鴨胗到個鴨身，全部都食，都有唔同做法。呢個砂鍋鴨隻鴨係新鮮鴨，再用大量大白菜、秀珍菇、金針菜去煲，台灣人嘅金針菜即係我哋嘅金針，嗰啖湯清甜到不得了，隻鴨煮完啲肉仲係好嫩好好食，絕對唔係湯渣，佢哋仲加埋鵪鶉蛋同凍豆腐，當年一路食一路諗點樣可以買返香港畀我二哥食，

最後路途唔算曲折，台南直送上台北，我就帶住佢上飛機，落飛機即刻揸車送去我二哥屋企。

新鮮嘅鴨同新鮮嘅金針菜真係與別不同，香港目前冇新鮮鴨，有嘅只係冰鮮同雪藏，食味就梗係大減啦。至於新鮮嘅金針菜，顏色係黃黃綠綠，都相當之大條，同細個見到嘅黃黚黚乾乾瘦瘦好唔同；我咪話細個嫌食嘅金針酸嘅，所以當我食到新鮮嘅又好食嘅，即刻對佢有所改觀。曾經事隔兩年冇去過台灣，結果叫台灣朋友寄一煲過嚟畀我，同一對夫婦朋友分享，三個人唔使一粒鐘隊晒成煲仲要一滴湯都飲晒，非常滿足。就係因為啖湯好甜，加乜都驚破壞咗啲湯，所以乜都冇㗎，點知食完之後先至諗到其實可以加啲粉絲落去？粉絲本身冇味，最叻就係索味，睇嚟又係時候要去台灣叫鴨喇！

宜蘭三吃

台灣交通部鐵道局委託宜蘭縣政府辦理高鐵宜蘭車站特定區都市計劃，縣府上網公告招標，建設處希望特定區預留景觀軸線，讓宜蘭站成為全台灣唯一睇到大海遠望龜山島嘅高鐵站。高鐵延伸宜蘭計劃路線長度約 60.6 公里，規劃喺宜蘭縣政府南側約 350 米處設置高鐵宜蘭車站，預計 2036 通車。

好多人話「台灣最美的風景是人」，我嫌呢個講法太矯情，所以我會話「台灣最美的風景都在東面」。一般人去台灣大多數係去台北，正如大家話去日本其實係講緊去東京啫。台灣有一個別號叫寶島，如果台北喺呢個島嘅北面，沿住東面落去就會先到宜蘭再到花蓮再落就係台東，而呢一邊面對嘅就係任賢齊都要唱佢嘅太平洋。雖然我廿幾年嚟不斷去台灣玩，但我只係去過台北、台中、台南、高雄、宜蘭、花蓮，台東。大家有冇發現台灣有台北、台中、台南同台東，就係冇台西，我嘅理解係有都冇用，因為嗰邊實在乏善可陳囉！

我對宜蘭印象極佳，因為當地最出名係三星葱，而我咁啱就係葱怪，人哋走青我就無葱不歡。三星葱係葱中極品，分外粗壯挺拔葱香馥郁，所以好多攤販會用佢嚟做葱油餅。有一檔開咗幾十年嘅老字號柯氏，因為佢哋出品嘅餅皮係現擀現煎酥脆金黃，我會強烈建議加蛋，因為隻蛋半生不熟，夾雜住啲嫩葱一口食落去零舍過癮！如果鍾意乜都加啲醬落去食嘅人可以注意，呢檔嘅獨門秘方甜辣醬係我少數接受到嘅台灣醬汁，可以一試。

另外出名嘅要去蘭城晶英酒店中菜廳食佢哋嘅招牌菜櫻桃鴨，所謂櫻桃鴨並唔係因為佢嘅飼料係櫻桃，而係中國華北地區的北京鴨品種傳入歐洲，位於英國櫻桃谷嘅牧場將北京鴨育種成繁殖能力及肉質都更好嘅品種，個名就係咁嚟㗎喇。我哋喺香港食北京填鴨都只係一鴨三吃，片皮、炒絲同煲湯，但呢度就一鴨五吃，其中最為人津津樂道嘅係櫻桃鴨壽司，將鴨皮包住壽司醋飯同芝士，然後當壽司咁啪入口，確係一吃難忘。又會將鴨舌、鴨翅同鴨掌做滷水，仲有三星葱片皮鴨捲、生菜包鴨絲以及唔少得嘅鴨湯。

再講就係一樣街頭小食：糕渣，即係香港人叫嘅戈渣。戈渣喺香港只有極少數嘅地方會做，最出名嘅係福字幫嘅分支餐廳，但中環五星酒店同名中菜廳都做得相當唔錯，因為係功夫菜全部都價錢不菲㗎，喺宜蘭竟然係以街頭小食出現，去開嘅不妨一試，呢一味說穿咗其實係炸一口高湯！

白斬雞

香港人鍾意食燒臘鍾意到一個點，就係去茶餐廳好，去高級食肆都好，一定會見到叉燒、燒肉、切雞、油雞嘅蹤影，可以見得燒臘係幾咁雅俗共賞。對於切雞同油雞，我其實搞咗好耐至明白，其實切雞即係白切雞，油雞就係豉油雞嘅簡稱，即係 Elizabeth 簡叫 Lisa 咁解，當年我係 12 歲。由細到大都鍾意食雞，梗係啦，我係么女，即係總會得到雞肶的永恆幸運兒咁解！

以前鍾意食豉油雞多啲，因為豉油雞有汁，用嚟撈飯真係可以食三大碗！人大咗學人整雞先發現豉油雞比起白切雞容易得多，正所謂整色整水。講得以前即係有後來，後來就梗係鍾意食白切雞多啲，口味嘅轉變只係對味道追求嘅一個過程，化晒妝人人都靚，落晒妝就見真章喇，如果都仲係靚咁就真係靚女喇！直至食到我哋叫白切雞台灣人就叫白斬雞，先至正式確認，有得揀，油雞定切雞？毫不猶豫，我切！

白斬雞係凍食嘅，好食嘅地方係皮同肉之間嘅嗰層啫喱，香港人鍾意食嘅雞太肥多脂肪，唔會有啫喱，台灣嘅都係土

雞，即係走地雞，冇乜脂肪，而嗰層啫喱其實係雞汁，煮嘅時候留咗喺皮同肉之間，攤涼咗就凝固咗，分外美味，土雞雞味又分外濃，加上我呢個雞肶小公主早年最鍾意嘅部位其實係雞腳眼咁上下，嗰度有幾條軟筋，雞皮特別爽脆。

近年口味轉咗去雞背脊，因為背脊肉再嫩滑啲，而且背脊都有啫喱㗎！所以每次去台北總會食一餐台菜，為嘅就係白斬雞、烏魚子、烤香腸、炸花枝丸、菜甫煎蛋、鹹蛋苦瓜同白菜魯，哎……明明講緊港式白切雞做乜又會講咗去台灣白斬雞㗎，年半冇得飛，即係年半冇食過喇！幾時先可以飛，我好掛住台灣，好掛住白斬雞吖！

酸菜白肉鍋

再有元朗豬場嘅豬隻檢測出非洲豬瘟病毒；漁護署於元朗白沙一個持牌豬場中，抽取 35 個豬隻樣本，至少 8 個檢測出非洲豬瘟病毒。漁護署已即時禁止有關豬場運出任何豬隻，並正安排銷毀場內豬隻。漁護署一個月內已喺 3 個元朗豬場檢測出豬瘟病毒，最早一宗涉及元朗黃泥墩一個持牌豬場，另一宗則涉及元朗逢吉鄉嘅一個持牌豬場。

台灣早在 2019 年因為中國豬瘟肆虐，為咗保護自己嘅養豬業，即時立例禁止旅客帶豬肉製品入境，違例者一律罰款二十萬新台幣，即係大概五萬港幣。唔好以為只係唔可以帶生豬肉，其實係連豬肉嘅製成品，好似豬肉乾、肉鬆都一定唔得，連 XO 醬都不能倖免，因為入邊有金華火腿呀！知得咁清楚係因為有一次台灣美食家朋友喺香港同我食飯，轉贈咗五星級酒店送畀佢嘅 XO 醬，我當時以為佢客氣堅持唔收，然後佢解釋係因為帶返去會被罰款二十萬新台幣，佢打死都唔會冒呢個險，既然唔帶得走咪索性送畀我，唔好嘥！

咁嚴格就係為咗保護台灣啲豬，而佢哋啲豬肉又確係零舍好食，鬼咩，佢哋最主要嘅食材就係豬肉，同你數吓啦，一朝早去食米粉湯，啲餸料就係豬嘅內臟，冇新鮮劏嘅豬又點嚟內臟呢？係人去到台灣都一定會食嘅滷肉飯，咪又係豬肉囉。麻辣火鍋以外嘅選擇就係酸菜白肉鍋，白肉指嘅就係豬肉。甚至乎去啲文青咖啡店食吓意粉，佢哋用嘅培根bacon又係台灣豬肉做嘅。一街都係嘅大腸麵線甚至去食台菜一定喺餐牌上面嘅五更長旺，亦係用豬腸做嘅。如果佢哋發生非洲豬瘟，佢條食物鏈點算？

講起酸菜白肉鍋，我廿幾年前去台北工作就已經一見鍾情，佢夠純粹，大白菜喺泡浸過程發酵產生酸味，浸夠就連同豬大骨熬製嘅高湯做鍋底，由於佢嘅酸味係天然嘅，所以唔會嗆喉入口好自然。既然係酸菜白肉，主調唔係牛肉而係豬肉，講出嚟奇怪，佢用嘅都係五花肉，但係放入去煮完出嚟，完全唔覺得肥膩，可能啲酸味中和咗。其他嘅配料就同

麻辣火鍋差唔多，我最鍾意嘅係蛋餃同燕餃。最令我著迷嘅係佢哋用北方火鍋，即係中間有個圓柱體嗰個造型，同我哋南方人嘅火鍋完全唔同，食起上嚟有種異地風情，最主要係香港食唔到啊！

葱油餅

韓國名廚白種元以《黑白大廚》料理實境節目爆紅，該節目仲喺百想藝術大賞勇奪大獎，但白種元近日卻爭議不斷，包含販售產品涉嫌標示不實，更因食品安全、內部管理等眾多問題重挫其名廚形象。結果佢痛定思痛忽然宣佈將中斷所有演藝活動，以企業家白種元嘅身分，全心投入佢創立嘅「The Born Korea」餐飲集團，並將今年定為公司改革後嘅二次創業元年。

白種元集團旗下嘅「香港飯店 0410」於 2025 年進駐台灣，插旗台北內湖區，於 5 月 2 日開始試業，短短幾日內就因為人潮爆滿，人手同備料不足中午暫停收客而出現唔同嘅負評，甚至因食材缺貨令好多民眾點唔到招牌菜「糖醋肉」而派嬲，但好多顧客仍然讚賞佢哋嘅「炸醬麵有嚼勁、鹹香中帶點自然甜味」、「非常好吃，炸醬麵味道夠又不會太鹹」，仲有搶先品嚐到糖醋肉嘅人，大推肉質 Q 彈好食，甚至建議大家要點白飯配多餘嘅炸醬享用。

呢個世界從來都跟紅頂白，台灣周圍都食到糖醋排骨同炸醬麵，講到好似佢嘅出品分外出色咁，搞到我都好好奇，下次有機會都想去試吓！每次去台北除咗食牛肉麵之外，對佢哋嘅北方麵食感到興趣。廿幾年前喺嗰邊工作，經常去一間餐廳叫北平都一處，有幾味食到尾都仍然會叫，就係葱油餅、褡褳火燒同炸醬麵，佢嘅炸醬唔係特別出色，但鍾意佢嘅麵條夠煙韌。

蔣介石帶住國民黨唔少軍眷南下去到台灣，呢啲外省人將自己嘅家鄉菜喺南方復刻，遇到唔少困難，最主要嘅係原材料同醬料喺當時嘅台灣係搵唔到嘅，無非因為台灣本省人就係閩南人，大家嘅飲食文化都唔同，所以我對台灣呢段時期嘅飲食文化分外著迷。牛肉麵本來係四川人整，其中一個重要嘅材料係豆瓣醬，去到台灣嘅四川人思鄉嘅時候想食家鄉味道，因為冇豆瓣醬煮唔到，最後惟有嘗試自己做豆瓣醬，就係因為材料問題，四川牛肉麵同台灣牛肉麵食味有好大分別，於是就出現標示住台灣牛肉麵嚟區分。

麵條之外就係餅食，喺台北我最食得多嘅應該係葱油餅，每次去敦化南路一段驥園飲雞湯，都會點幾個小菜，跟住叫埋葱油餅，佢呢度係一張一張咁叫，薄薄一張好大吓可以切成十塊八塊，因為佢哋興用餅食嚟代替米飯。但係都一處嘅老爹葱油餅就唔同喇，佢就係走厚實路線，呢個要預訂，如果有人生日就完美，因為上枱嘅時候佢成個生日蛋糕咁大，仲有成寸厚，當生日蛋糕咁切起碼切到十塊八塊，相信要切成十二塊都冇難度，鍾意佢外面煎得好酥脆但唔油膩，由於佢夠厚落少啲葱都唔夠香，好彩店家唔手軟，你就會發現葱油餅厚薄都咁好食！冇法子香港就係搵唔到做得好嘅葱油餅，功夫多利錢少，搵鬼做咩！要食就去轉台北，嗰度平靚正抵食夾大件，唔食就笨！

台式滷水

台灣宜蘭一名漁民捕獲一隻俗稱「龍宮貝」嘅海螺，因為唔多見，受到傳媒關注訪問，繼而引發保育同商業利益之間嘅爭議。網民要求漁民放生龍宮貝，漁民初時拒絕，直至國立台灣博物館加入討論，呼籲漁民畀佢回歸自然。後來有人出價 十二萬元台幣（港幣約二萬九千元）買下龍宮貝，並指示漁民將佢放回大海，海螺最終重返自然。

根據博物館介紹，龍宮貝係目前最大嘅翁戎螺科物種，屬於野生動物，主要棲息於西太平洋深海。由於其外形同宮殿相似，因此俗稱為龍宮貝。翁戎螺類被認為對貝類演化歷史嘅研究具有重要意義，整個家族可追溯至寒武紀就已經出現於地球上。人類由茹毛飲血到發現火，開始懂得燒烤之後陸續出現鹽、糖，香料以及豉油呢啲調味料，正正就係人類進化史入面飲食文化嘅一部分，原來好多食物都有生命嘅，除咗酵母之外，我哋日常食到嘅滷水都係。

滷水主要係廣東潮汕一帶嘅調味料，流行於廣東、福建、香港同台灣。但凡賣滷水都會強調店鋪開業幾多年，其實想

講畀顧客知佢哋煲滷水有幾咁陳年啫，因為滷水越陳年越好食，咪話咗滷水都有生命嘅，就係每日都要細心打理，最簡單就係每天添加新嘅滷水料包括陳皮、桂皮、花椒、八角等去煮，這個過程就係免卻滷水變壞嘅方法。對於滷水我硬係好似有一種前世嘅鄉愁，我估唔係因為啲豉油，而係香料，公元前六世紀絲綢之路歐亞之間嘅貿易主打就係絲綢同埋香料，可想而知佢先至係滷水嘅靈魂。

每次離開台北都好忙碌，有時去街市買新鮮蔬菜、火鍋配料，有時就係去買滷水喇。廿幾年前喺台灣工作，最初工作簽證未搞掂，每三個月就返香港一次，點都要買啲嘢返香港畀媽媽見識吓台灣好嘢，我揀咗自己最鍾意食嘅信遠齋滷水，除咗嗰隻滷完再煙熏嘅燻雞係成隻買之外，其他乜都買一啲，好似滷蛋、豬耳朵、醬牛肉、醬肘子，返到香港自己砌番個滷水拼盤，兩母女撐枱腳都不知幾溫馨。由佢喺信義路開始幫襯到後來搬咗去家陣嘅新生南路，媽媽都仙遊咗，冇得撐枱腳之後發現，原來一個人都可以盡興，成個雪櫃有一股沉浸式嘅滷水香，都幾舒筋活絡㗎！

滷水豬耳朵

每次喺外地購買食物返香港，當地朋友先畀一個疑惑嘅眼光我，然後問：呢啲可以帶返香港咩？我惟有好慚愧咁話佢知：除咗毒品、活家禽同生嘅肉之外，幾乎冇嘢唔得咁滯，其實連水果都冇問題。好多國家對於國民或者旅客帶入境嘅物種都有唔同嘅規管，有啲甚至非常嚴格，原因得一個，保護當地物種，譬如台灣就對豬肉製成品非常緊張，莫講話生豬肉連豬肉乾都唔得，違例者罰二十萬台幣，因為台灣有自己嘅養豬業，佢哋擔心有人唔覺意將非洲豬瘟帶入境，攪彎佢哋嘅養豬業。

香港除咗金融同地產好似冇晒其他咁，漁農業當然仲有，但係唔夠自供自給要靠入口，諗吓都幾誇張，我呢兩個月去咗五次旅行，就近近哋最近嘅兩次，馬來西亞同台灣，我都買咗唔少食物返香港。喺怡保，我買咗八隻冷凍鹽焗雞，搞到行李幾乎超重咁滯，但呢樣手信係我每次去都必買嘅，無他嘅，馬來西亞嘅雞俗稱馬拉雞，亦都係香港話啲瘦人嘅講法。食馬拉雞就係貪佢瘦冇乜脂肪，佢嘅秘方就係落咗當歸

夾喺隻雞度一齊鹽焗，出嚟嘅效果就有種當歸嘅香氣，細細隻一個人可以食晒一隻。

台北呢一轉就買咗一隻煙燻滷水雞、一隻豬耳朵、一嚿醬牛肉亦即係一嚿牛腒咁解、四件雞肝，全部都係熟食，店家仲幫我切件斬件抽真空包整齊。返到香港第一時間煮咗個米粉，放咗十片八片豬耳朵同醬牛肉做餸，一食就後悔點解買咁少！尤其係豬耳朵，店家將成隻豬耳朵切得好薄，但切埋都唔係好多㗎咋，夠我分三次食咁囉。香港當然都有滷水豬耳朵，但唔係嫌佢滷水唔夠陳唔夠香，就嫌啲八角味太出，同埋滷得唔夠透，加上切得又大塊，啲軟骨仲係硬堀堀，牙都幾乎咬崩咁滯，呢種水平唔夠稱心滿意囉。下次我會買多兩隻，最多放入冰箱，可以放到一個月，咁就可以分多幾次慢慢食！

滷水雞腳

2024年12月，日本受冬季氣壓及冷空氣影響，全國各地都嚴寒，部分地區出現降雪。其中北海道鵡川町出現入冬以嚟全國最低嘅零下20.5°C紀錄，係全國今個冬天首次出現零下20°C以下低溫，札幌市零下5.6°C亦打破該市今年入冬紀錄。岩見澤市間歇性出現強降雪，積雪曾達102厘米，係往年同期約三倍，亦係時隔四年再度喺12月中旬出現逾一米積雪。

去滑雪嘅香港人應該很高興，但只係去食玩買嘅就應該閉翳，因為積雪太深嚟唔切清理嘅關係，有啲地方交通工具會停駛，邊度都去唔到，只可以留喺酒店，又點會有癮？盧覓雪本人當年去外國覓雪，知道咗呢個殘酷真相之後，就已經放棄咗覓雪呢家嘢！都係專注番覓食穩陣啲。上個週末喺台北，撞啱氣溫都低低地，其中一早book咗食麻辣火鍋嗰晚氣溫得12度，係咪好彩兼fit到爆炸呢？

每次去台北之前都會同我嘅私人「美食駐台辦」好朋友研究食邊間餐廳好，然後佢會訂枱落訂，因為去台灣唔止係

台北，台中、台南、高雄都係，接受訂枱嘅基本上都要預訂，否則一定冇位，真係經驗之談嚟㗎！我愛麻辣火鍋，但台北嘅選擇好多，最愛嘅詹記最難訂、舊愛黑武士上回又食咗，今次唔想重複，郭富城最愛嘅太和殿我又嫌油咗啲鹹咗啲，「駐台辦」又話麻神走咗樣，最後揀咗鼎旺。

台北大部分火鍋店只開夜市，鼎旺係少數會開午市嘅，所以佢一直以超級後備身分喺我嘅美食名單上面，我最鍾意食佢嘅係雞腳，去過嘅人都會同意，火鍋只係配菜，雞腳先係重點。佢哋嘅雞腳比一般雞腳大得多，即係南華甲一組嘅朱亮企喺 NBA 球星勒邦占士身邊，雖則朱亮已經有 1 米 98 高 220 磅重，但大帝 2 米 06 高 250 磅重，一企埋就再高再大真係比死人。鼎旺嘅招牌滷水雞腳每隻四十新台幣，算係貴嘅，仲要每人限叫一隻相當矜貴。呢隻雞腳係睇落平平無奇，比一般滷水雞腳大隻同顏色較深，但放入口一啜，骨肉即刻分離，皮厚多肉食，夠味而唔覺鹹，係滷水雞腳入邊嘅精英代表。一人一隻梗係唔夠喉，我決定搏大霧，即刻叫多一 round，當侍應生幫我哋落 order 嗰刻，我哋三個人開心

到手舞足蹈，其實嗰晚我哋食八點，叫第二 round 已經接近九點，我理解係因為距離 10 點收舖得番一個鐘頭，唔見得再有客入嚟，如果佢有剩嘅話點解唔賣埋畀我哋？就係咁，呢晚我哋成就解鎖，只不過食到一對雞腳，聽落冇乜大志氣，但食落肚嘅嘢都係如人飲水冷暖自知，我唔使你哋明㗎，我自己明咪得囉！

韭菜盒

台北市街頭曾連環出現「隨機襲胸」，40 歲吳姓男子涉嫌喺台北市大安區復興南路、仁愛路附近街頭隨手觸摸女性胸部後，迅速逃離現場。警方接報發現至少有三名女性受害，警方透過閉路電視，鎖定吳姓男子身分，乘吳姓男子外出時拘捕，移送台北地方檢察署偵辦，被裁定羈押。

為咗台北藝術節 Tilda Swinton 演出嘅《親愛的帕索里尼》，啱啱快閃台北三日兩夜，住嘅酒店就喺大安區，好彩冇遇到呢啲恐怖襲擊啫。其實大安區係傳統老區，亦係好區，好多有名氣嘅餐廳食店都喺呢個區，不過近年新興嘅係信義區。喺大安區我最熟悉嘅一條街就係敦化南路一段夾東豐街喇，因為當年喺敦化南路二段返工，又住喺二段尾接住嘅和平東路三段，俗啲講句瞇埋眼都識行咁濟。

嗰頭有我飲咗廿幾年飲極唔厭嘅驥園雞湯，不過一定要人多先有得飲，因為煲湯太大煲，三幾個人的話淨係飲湯都一嘢打爆咗，唔會食得落其他嘢，煲湯入邊有成隻雞同埋豬手、火腿，通常我會加筍或者竹笙，嗰種好飲法喺香港係飲

唔到嘅，所以只要有六個人以上就一定去飲番煲。此外就有一間叫做黑武士嘅麻辣火鍋，當年好多時埋完版就去嗰度食宵夜，留低唔少腳毛。或者你會話：你喺嗰頭做嘢自然會幫襯嗰頭嘅餐廳。呢個講法冇錯，但係當我唔再住喺台北，每次返去都只係旅遊性質，又要試新嘢，呢啲舊嘢未必次次去，但我有一個準則，就係去一個相熟嘅城市，如果得四餐嘅話會係三新一舊，嗰一舊係因為佢有水準先回頭幫襯，仲可以 keep 住睇佢保唔保持到水準！

就好似今次我嗰三新一舊真係發生咗作用，我鍾意嘅台式早餐係去東門市場食米粉湯，又或者去原西園橋下食豆漿粢飯。但係今次我就係去咗啱啱出爐嘅台灣庶民美食名單「500 碗」、美食家徐天麟推介嘅大三元豆漿嘅韭菜盒，佢係早餐店，朝早開 6:30，開到 11:00 就收，我 9:00 去到，要等幾分鐘韭菜盒就啱啱新鮮出鍋。現包現煎嘅確係唔同，材料好簡單，店家手搓薄薄嘅盒皮，包住切碎嘅韭菜、粉絲、蝦皮同豆乾，調味極其簡單要食嘅係韭菜嘅香味，唔同材料

提供口感層次，簡單好食。食完之後決定買四隻返香港，店家即刻幫我煎四隻 7 分熟，獨立包裝方便我拎返香港，見我咁有誠意仲送多一隻畀我，呢啲小店係咪抵我坐 110 蚊港幣的士去幫襯價值廿蚊嘅早餐囉！嗰廿蚊已經係一個韭菜盒同一杯豆漿嘅價錢㗎喇！所以佢即刻上咗我嘅台北早餐名單，下次再食過！

黑白切

我咁大個人去邊度旅行都未試過跟團，去到當地再報團就有，未去過嘅地方，或者語言不通嘅，好似去非洲睇動物大遷徙、去黃刀鎮睇極光，呢啲就梗係報團喇。日本、台灣呢啲我都唔知去過幾多次，基本上自由行完全冇難度，尤其係台灣，文字言語都通，旅行團會帶我去邊睇啲乜嘢呀？我未必有興趣㗎嘛！其實倒番轉我帶團都仲得！

唔係講笑我真係做過親朋戚友嘅私人導遊，出發前設計好行程，揀埋餐廳請台灣朋友幫手訂定枱，台北、台中、台南都帶過，都有口碑㗎！我留意到美食同購物真係好重要，可能物以類聚啩，台灣最大嘅好處就係飲食啱胃口，排一排食乜，頭都大埋，牛肉麵、麻辣火鍋、夜市、文青咖啡店、台菜、四川菜、北京菜、淮揚菜、客家菜，乜都好，三日兩夜食唔晒，其實廣東菜都有，不過唔夠好食之嘛。仲未計各種日式料理，壽司、燒肉、關東煮……算喇，費事數，一路數個肚咕咕聲吖！

我早起身自然重視食早餐，喺台灣我真係開心，因為早

餐嘅選擇好多，鍾意食豆漿油條就簡直去咗天堂，華山市場入面嗰間已經係香港人嘅主場，不過近年我改咗去龍山寺附近原本開喺天橋底嘅一間，佢個燒餅真係一絕，一比較，華山市場肯定係工業式生產，龍山寺原天橋底呢一間就係手工式，各有優勢。

喺台北最鍾意一朝早去行街市，東門、南門同士東係常去嘅，去東門市場第一件事係食米粉湯，其實米粉湯嘅主要顧客就係師奶，佢哋買餸順便食早餐吖嘛。呢啲檔口所有檔主都係女人，就好似東門呢檔羅媽媽米粉湯，就做到街知巷聞。所謂米粉湯係加埋芋頭落去煮嘅，配料要另外叫，主要係豬內臟同埋豆腐青菜，就係咁簡單，你可以指定要某啲部位，例如大腸、粉腸、豬膶、豬脷、豬天梯、肝連、嘴邊肉，如果你冇乜所謂，下次可以試吓叫黑白切，所謂黑白切就係廣東人「是但」咁意思，畀個店家幫你揸主意，會切一啲佢覺得好嘅畀你，食飽就有力氣去血拚，喂呀！做遊客就梗係搏命食搏命買㗎啦，我唔係台灣師奶日日去買餸㗎！

米粉湯

英國政府為咗解決國民肥胖問題，著手規管高脂、高鹽、高糖嘅飲食產品推銷手法，打算禁止唔健康嘅零食買一送一、將佢哋擺放喺近收銀處等顯眼位置、提供免費添飲汽水等推銷手法，關注者稱讚呢啲計劃中嘅措施，係打擊國民肥胖運動大膽嘅第一步。

一見到高脂、高鹽、高糖呢三組字，個腦即刻有紅色燈起勢眨，但係又冇相關影像彈出嚟，即係話大家都知道呢啲嘢唔應該食太多，但係又搞唔清邊啲會係高危食品。計我話，英國政府不如索性喺產品包裝外面張貼標籤，等消費者知道邊啲商品屬於高脂、高鹽同高糖，唔使大家估估吓。

收到台中朋友寄來一大盒禮物，入面全部都係食嘅，佢仲寫咗張便條話知我成年冇去過台灣，又唔知幾時先至有得去，所以寄啲嘢食畀我頂住檔，嘩！我個心當時好滚動吖！佢寄畀我嘅主要係零食，包括愛文芒果乾、有機鳳梨乾、李子乾、青芒果乾、蜜餞柚皮，又有罐裝涼粉飲品，連桂圓薑湯都有，最開心係佢記得我鍾意食新竹米粉，見到六包即食

裝米粉嗰一刻真係開心過中六合彩，仲要係麻油薑泥味道，加熱水焗幾分鐘就食得，火都唔使開。

我係典型廣東人，好鍾意食粉麵，台灣唔同種類型粉麵當中，我最喜愛的第一位並唔係大家以為嘅牛肉麵，而係米粉湯，每次去台北總有一日晨雞咁早走去東門市場食番碗米粉湯。台北人多數食粗米粉，台南人就食幼嘅，米粉湯又唔同炒米粉，又有細細的新竹米粉就係用嚟炒嘅多。

東門市場呢一檔羅媽媽米粉湯，用嘅米粉唔粗唔幼真係南北通吃，然後切碟豬大腸、粉腸、肝連又或者嘴邊肉嚟送米粉食就無以尚之喇。係喎！你哋未必知道乜嘢係肝連喎，其實係豬嘅橫膈膜同橫隔肌，咬落有啲爽口；而嘴邊肉就係豬嘅面珠登喇，呢個部位就比較嫩滑，兩種唔同口感都啱我心水。食嘅時候你會嫌碗米粉湯米粉多過湯，唔使擔心，呢度嘅豬骨湯係可以免費再添嘅，記住落多少少胡椒粉落碗米粉湯度，包你話正呀。再要一碟油豆腐，呢個早餐係咪好豐富呢？依家你明白點解我去親台北都要一早起身就仆到去食，因為需要時間消化，仲要去食晏㗎嘛！

涼麵冷麵

為應對今年夏天極端高溫天氣，日本東京都知事小池百合子宣佈，減免所有東京家庭基本水費四個月，減輕民眾開支負擔，鼓勵佢哋可以多開冷氣，避免中暑。2024 年夏天東京有 263 人中暑死亡，當中唔少人由於擔心電費高昂，選擇唔開冷氣。呢項政策預計約有八百萬家庭受惠。

日本嘅夏天真係會熱「暑」人㗎，所以我極少揀暑假返「鄉下」，除非去北海道喇，否則真係會熱到溶。唔同地方嘅人應付酷熱天氣有各自嘅方法，喺飲食上面更加各出奇謀，西方人會飲凍湯，就好似我最歡喜嘅西班牙凍湯 Gazpacho，其實佢係將番茄、辣椒、隔夜麵包、橄欖油、蒜頭、鹽同醋煮埋一齊，叫佢係湯但係佢比湯「杰」得多，飲起上嚟又涼快又帶少少辣，令人會出少少汗，喺夏天真係妙品嚟㗎！當然唔少得薯仔凍湯同埋蘆筍凍湯，都係夏天必飲！

東方人嘅消暑方法就食冷麵涼麵，中國作為麵食大國，有唔少呢方面嘅選擇，其實我認為只要唔放湯變乾撈麵，已經好唔錯，最佳例子係北方人嘅炸醬麵，同南方人嘅雲吞撈

麵，都係我嘅喜好。仲記得第一次食到韓國人嘅冷麵真係笑咗出嚟，因為碗麵有湯水仲要有一粒粒嘅冰，令人嘆為觀止！喺我心目中韓國冷麵做得最好唔係落冰粒，而係加入咗雪梨絲，雪梨嘅甜度確係有清涼消暑嘅效果。

今次喺台北四日三夜，其中一日走咗去赤峰街行吓食吓買吓，由於嗰日天氣焗住等落雨，悶到個人冇晒胃口，最後見到一間賣凉麵嘅小店，即刻攝咗入去，「攝」係準確描述，因為店小得四個位，坐低咗就冇位畀人喺後面行過，明未？主理嘅係一對年輕男女，望上去最多都只係三十上下，叫佢推介佢話麻醬係招牌，但豆乳亦相當唔錯，於是叫兩款唔同嘅交換試吓，除咗凉麵仲有小菜，見有豬耳朵就凍熱各一，凉麵係北方做法，一般係蛋麵加雞絲呢度就加雞塊，麵量唔算大效果亦冇特別驚喜，但就符合心意輕輕鬆鬆有嘢落肚！

呢個時候我就懷念喺忠孝東路幫襯咗十幾年嘅穗科烏龍麵，由佢係奶素店變全素店，佢嘅招牌自慢冷麵始終係我心目中嘅「冧把溫」，除咗佢嘅麵條比一般烏龍麵幼細但不失

彈牙，醬汁就用自家熬煮的昆布高湯、柚子同芝麻，撈埋啲麵一齊食相當清新爽口。喺佢仲係奶素店嘅時候，我會叫一隻溫泉蛋加埋入去，效果真係上咗天堂，後來佢變全素食唔再提供溫泉蛋，嗰刻我就知道，我都仲未係時候食素！

芋頭貢丸

買餸呢個概念，已經唔止係去傳統街市嘅專利，超級市場喺香港都出現咗幾十年，富貴嘅日式超市都好普及，網購流行之後要買乜嘢都可以上網搞掂，連門口都唔使出直接送上門，包括嗰啲高級食材。但係傳統街市就係有一種吸引力，並唔係高級超市可以取代到嘅，尤其係附設埋有熟食中心嘅，就更加冇得頂。

去外國旅行，行街市係其中一個樂趣，好多嘢都想買返香港，最難搞係點保存點帶返嚟。每次去台北總會喺最後抽一個朝早去行傳統街市，常去嘅有東門同南門市場，上次去，因為南門市場要裝修，改咗去士東市場，一樣行到攰，買到癲，拎到傻。好多人唔明：唔通買幾棵菜返香港？講真，買瓜買菜真係好碎料，試過買咗成個冬瓜咁大棵嘅大白菜，大甲芋頭、山蘇都係戰利品。山蘇係野菜，對一個遊客嚟講，絕對係可遇不可求。問題又嚟喇，點拎呢？我發現 there's a will there's a way ！保溫冰袋係最佳拍檔。

行街市買到心水嘢嗰吓係真係似中獎咁，畀啲戰績大家參考一下先。喺東門市場買林青霞都買嘅水餃，另外就係黑糖燉桑椹，除咗好飲仲可以養生！南門市場有我的至愛湖南臘肉同腐乳。至於上次去嘅士東市場，竟然搵到我近年至愛嘅芋頭貢丸，嗰種高興真係出咗心心眼㗎，返到香港一食，哎呀！即刻悔恨做乜買咁少？當時發誓下次去要大手入貨！

美食便利

7-11 便利店母公司 7&I 控股收到加拿大同業競爭對手、OK 便利店（Circle K）營運商 ACT 嘅收購要約。7&I 表示，已成立一個特別委員會嚟決定是否接受。7-11 喺全球 20 個國家同地區擁有 8.5 萬間便利店，總部位於魁北克嘅 ACT，喺多倫多證券交易所上市，喺北美、歐洲同亞洲 30 多個國家同地區經營約 1.7 萬家商店，股票市值估計達 800 億加元，約 4,562 億港元。

便利店已經係香港人生活入面必不可少嘅商店，佢一次過包含晒士多、報攤、藥妝店、快餐店甚至繳費中心嘅功能，而且兩大品牌總有一間喺左近，搞到人人都依賴晒佢。我曾經喺台北住咗兩年，發現佢哋仲癲，可以當埋收貨點，好似我試過喺台南食到一煲砂鍋鴨，現場即刻訂一鍋寄上台北朋友屋企樓下便利店代收，當時個朋友同我一齊喺台南，最後煲鴨早過我返到台北嗦，咁就唔怕溫度唔啱啲食物壞晒，作為一個冇家務助理嘅單身人士，呢個貼心服務最得我心。仲有所有陸路交通、文藝表演、博物館、遊樂園門票，都可以

網路購買，然後去便利店取票，申請保險賠償都得，係咪好便利呢？

即使香港同台灣嘅便利店都有現成熟食例如關東煮、茶葉蛋甚至係三文治、蛋糕之類，但係比起日本嘅便利店就即刻輸晒，因為佢哋仲誇張，好似香港人都熟晒嗰三大品牌，7仔、Family Mart 同埋 Lawson，鬥到難分難解，所以更加要出盡法寶去搶生意。佢哋最出名嘅拗手瓜較量一定係碎蛋三文治，即係西式嘅焓蛋切碎加美奶滋 mayonnaise 溝埋。呢一款三文治連填詞人 Wyman 黃偉文去日本玩完特地做咗個實驗，就係去 Family Mart 買咗四件總值 920 円嘅碎蛋三文治，喺冇冷藏嘅情況下，坐 14 個鐘頭飛機返倫敦，佢就話僥倖成功，可以延長多佢嘅東京夢兩日咁多，可想而知呢個三文治有幾咁好食啦！

不過都未夠勁，話說好多好多好多年前，日本 7 仔同兩間有排都仲未開到嚟香港嘅拉麵店：一風堂同埋山頭火，合

作推出佢哋品牌嘅大碗裝即食拉麵，仲要獨家限定，搞到我喺東京逐間舖都入去睇吓有冇貨，總之有幾多掃幾多，因為佢哋係當年嘅最佳手信。呢一點台灣都唔輸蝕，七仔同全家成日同大牌子 crossover 出食品，例如全家就同台菜 fine dining 山海樓，7 仔就同晶華飯店合作，過時過節就更多唔同嘅月餅／蛋黃酥／過年菜都可以訂得到，呢啲咪就係做生意做到個客唔覺得你係嚟賺佢錢，反而覺得方便又貼心，畀錢畀得不知幾開心，呢啲咪係雙贏囉，唔知香港幾時先可以有呢種方便呢？

麻辣蛋

郭富城出席電影《無名指》謝票活動，終於首次承認將會第三度做爸爸，話撞正係父親節，而且一直都講係天賜嘅禮物，自己都好鍾意屋企熱鬧，就算係多一個小朋友，都好願意去接受呢份禮物，好多謝上天畀佢呢份禮物。被問到有第三個小朋友是否係計劃之一，城城表示唔講太多，但佢補充一直喺生育上都係隨緣。

同樣揀咗喺父親節宣佈將會做老竇嘅仲有方力申，万刀甲今年 45 歲，雖然仲叫做年輕力壯但初次做爸爸算係年紀大。但郭富城 60 歲第三次做老竇都唔惹少，有心有力吖嘛！同樣地高齡再做父母嘅黃澤鋒夫婦就得唔到同樣嘅祝福，幾時都話呢個世界從來都雙重標準。我認同城城所講任何小生命都係上帝嘅禮物，唔係你想要就會得到，所以更加明白某啲中國人習俗。

中國人生仔會派薑醋畀親戚朋友，所謂薑醋除咗薑同醋之外，仲有豬手同埋雞蛋，全部浸到啡紅色酸酸甜甜，好多人都鍾意食，但我由始至終只鍾意食嗰隻雞蛋。反而細個嗰

陣時有親戚朋友屋企添丁抱孫會擺幾圍，記憶中第一次參與呢類飲宴，一去到酒樓，主人家立即一人派一隻紅雞蛋，作為細路二話不說就剝嚟食，但係一路剝啲紅色染料會黐到成隻蛋都紅晒，唔慌唔係紅雞蛋，雖然我覺得咁樣係整污糟咗隻白雪雪嘅雞蛋，但有嘢食緊要啲，唔同佢計較。但係呢樣嘢慢慢就唔見咗，係少咗人生仔？定係少咗擺酒？抑或其實係有嘅只係我少咗去飲宴啫？

其實我細個嘅時候生日都仲有紅雞蛋食，直至到生日蛋糕普及咗，紅雞蛋先至慢慢消失，唔好話我市儈，作為一個細路貪新忘舊係應該嘅，更何況一隻雞蛋又點可以撼動一個蛋糕呢？但係啲蛋糕越多新口味越衰，太多雜果太多mousse，搞到蛋糕唔似蛋糕，近年再興埋造型蛋糕，全部造型都係糖皮，根本唔好食，呢個時候我又懷念番食紅雞蛋喇！

啱啱去台北住喺中山區朋友推介嘅酒店，佢千叮萬囑我一定要去酒店對面嘅全家便利店買鼎王麻辣蛋，唔食包我後悔！瞓醒第一時間走去買，一隻 20 蚊新台幣，買咗兩隻返酒

店當早餐食，哇！真係唔食猶自可，一食笑呵呵！本來我已經好鍾意食便利店嘅茶葉蛋，正一冇比較冇傷害，麻辣嘅味道真係更勝茶葉囉！眾所周知郭富城去親台灣都必定要食麻辣火鍋，雖然佢幫襯開太和殿，但太和殿冇同便利店合作出麻辣蛋，唔知佢第日個仔滿月會唔會訂一批麻辣蛋返香港，當紅雞蛋咁送畀親朋戚友？包保大家耳目一新！

睇波食乜好

啟德體育園喺 2024 年尾進行首個測試賽事，喺青年運動場舉行比賽，港乙球隊西貢同黃大仙成為啟德青年運動場首批使用者。球賽規則禁止觀眾攜帶罐裝同瓶裝飲料或食品入場，亦不能帶酒精飲品。場內小賣部提供各類飲品及輕食，包括啤酒、汽水，售價由 20 至 40 元。另外仲有焦糖爆谷、薯片；小賣部負責人表示將來會考慮加入熱狗等熟食。場館地下及一樓各設有兩部自動販賣機，售價由 20 至 30 元不等。如唔想花費飲食，場內有免費飲用水機供人使用。

2002 年，有個朋友同我講：「如果我有多一張波飛，你會唔會同我一齊睇？」雖然對方唔係周慕雲，我亦都唔係蘇麗珍，但係嗰種震撼程度，喺電話嘅呢一邊都強烈感受得到。喂呀！講緊嘅係喺日本搞嘅世界盃決賽，唔係西貢對黃大仙呀！朋友原本約咗另一個朋友去睇，點知出發前一星期臨時爽約，朋友搵我頂咗個位。你知嘛？廿二年前去日本都仲要去金鐘申請簽證，仲要好幾日先至攞得番本護照，計一計時間，我要當日即刻仆去申請先嚟得切，但係我返緊工㗎嘛，

同當時嘅老總解釋我一定要即刻出去仲要告三日假，唔得我就辭職喇。最後老總特事特辦，就係咁，我踏上咗現場睇大型賽事呢條不歸路！

第一次去到一個容納七萬二千觀眾嘅橫濱日產體育場，又係另一種震撼，話晒香港大球場得四萬座位，相比之下細咗好多，而且全場七萬人一齊大叫同一個字嘅環迴立體聲，杜比音響都要認輸。呢兩年都有去倫敦睇英超煞科戰，搏可以現場睇阿仙奴捧杯，還自己一個心願。酋長球場容納到六萬人，話大唔大，但已經係英超四大容納量之一嘅球會主場。

講咗咁耐都仲未講到球場入面嘅食物就知道，呢一點全世界都一樣，唔慌好食，因為預咗會舉行嘅係世界級盛事，所以食嘅都不外乎係國際通吃嘅漢堡包、薄餅、熱狗之類，相當冇想像力同乏味囉，所以我非常期望香港可以有啲本地美食特色，鹹嘅我推介源自福建喺台灣相當普及嘅刈（音艾）包，基本上就係將一個饅頭割開放滷水五花肉同酸菜、甜嘅

花生粉，同熱狗、漢堡包嘅概念差唔幾。甜嘅我就認為雞蛋仔同窩夫根本同出一轍，食入口一個軟熟一個香脆，只要配一球雲呢拿雪糕已經係一個甜品喇！再加上雞蛋仔可以變化，除咗原味亦可以變朱古力、綠茶口味，真係有得諗㗎！想食得到，撲到飛入場先講啦！

豆漿油條燒餅粢飯

台灣中央氣象署通報，2024 年 9 月 21 日晚間 6:51 發生規模 5.3 地震，地震深度 17 公里，震央位於花蓮縣政府北方 29.4 公里即位於花蓮縣秀林鄉，最大震度花蓮縣 4 級，暫時沒有傷亡報告。

9 月 21 當日我喺台北市龍山寺附近食早餐，食完大概 9:30，我哋幾個香港人都收到一個台灣政府送出嘅特別警示，正在莫名其妙，同行嘅台灣朋友解釋，當日就係 921 大地震 25 周年紀念，呢個特別警示其實係緊急演習嘅一部分。正如我去台灣旅行唔食酒店早餐一朝早好神心走出去食當地早餐都係行程嘅一部分。香港人想食嘅台灣早餐不外乎係豆漿、油條、粢飯之類，呢日就去咗萬華區西園路，為咗避啲上班一族，特登 8:30 先至出門口，預計 9:00 去到，點知台灣朋友未到 9:00 到都仲有條十幾人嘅龍，我去到佢前面都仲有三個人，生意真係好。

我帶住三個第一次嚟呢度食嘅香港人，佢哋見到個格局已經嘩咗一聲，起勢影相打卡，因為呢間店真係好舊，佢由

以前街邊檔搬入呢個舖位都已經廿幾年，個門面就係一直冇裝修過嗰種舊同簡陋。佢哋一家四口，爸爸負責燒餅，媽媽負責收錢同整豆漿、粢飯，一個女負責油條，另一個就負責煎蛋炒蛋夾燒餅，佢哋嗰種慢工出細貨，香港人會嫌慢，但係台灣人就好有耐性，鬼咩，炸油條個炸鍋就喺門口，排隊嘅人聞到啲油香都唔會捨得走，仲未計燒餅嘅香氣。

我哋五個人亂咁叫，豆漿有甜有鹹，油條、粢飯、燒餅夾蛋都要，夾蛋仲可以揀葱花蛋同荷包蛋，至於粢飯，如果你同台灣人講佢唔知你講乜，因為佢哋叫粢飯做飯糰，朋友一路食一路讚歎台灣嘅粢飯同香港嘅有好大分別。係喍，香港嘅粢飯係飯厚餡少仲壓到實一實，食一條可以頂一日，但係台灣嘅粢飯啱啱相反，啲飯有咁薄得咁薄，啲餡一啲都唔少，而且佢哋包得好鬆，充滿空氣感，食落肚反而好舒服。其實油條都係，唔知點解香港嗰啲都係厚實實，呢度啲又薄又脆，個燒餅都係薄嘅，夾蛋之後似中式三文治，但係比西式三文治好味得多，因為乜都係現場即做，熱辣辣囉！五個

人最後食咗三甜兩鹹、三油條、三燒餅夾蛋同一個粢飯，我負責埋單，老闆娘話 250 蚊，我問佢有冇計錯數，因為平過的士費，佢再覆核一次我哋嘅 order，的而且確冇錯，用乜嘢兌換率都係七十港幣有找，即係人均消費 HK$17.5，喺香港絕對冇可能食到呢個品質同價錢，咁你話去台灣係咪一定要出街食早餐呢？

關東煮

日本共同社引述一家研究公司資料指出，2024 年日本有破紀錄嘅拉麵店倒閉，原因由於勞工短缺導致人事費用攀升，同時食材同水電成本飆漲，但以平價見稱嘅拉麵提價空間有限。2024 年有 72 間拉麵店破產，負債至少 1000 萬日圓（約 50 萬港元），較 2023 年嘅 53 間，增加超過三成。

日本人一般將拉麵當作午餐主食，夜晚就係居酒屋之後嘅指定動作，亦都係宵夜嘅最佳選擇，目前一碗拉麵嘅平均價格大概 700 日圓（約 35 港元）。但截至 2024 年 10 月，拉麵成本已較 2022 年平均上漲超過一成，商家不得不將價格拉近至 1000 日圓（約 50 港元）。但係 1000 円係一條無形嘅線，因為上到呢個位選擇多咗好多好多，換言之競爭對手唔止其他拉麵店，可想而知佢哋嘅經營相當困難。

日本嘅拉麵相當於香港嘅邊樣呢？應該係車仔麵。屬於平價麵食，可以當午餐亦可全日唔同時間衝入去食番碗充飢咁，但就冇咗宵夜呢一個功能囉，起碼我從來冇試過食宵夜係食車仔麵。香港唔同日本，日本嘅宵夜太單調，多數係去

屋台，即係晚上先開嘅美食車，喺東京好多時都係單打獨鬥，零零丁丁得佢一架車開喺度，有啲地區就排咗十架八架好熱鬧，呢啲屋台賣嘅都離唔開拉麵、壽司、天婦羅、關東煮甚至燒肉，我最鍾意去屋台食關東煮，好多時宵夜唔係餵飽肚係為滿足想食宵夜呢個慾望啫。

有宵夜文化嘅地方都真係各處鄉村各處例，喺香港食宵夜的話，我最恨食嘅其實係潮州打冷，因為好似食自助餐咁，潮州粥又比較稀，米還米粥水還粥水，唔似生滾粥咁綿滑，食得比較清爽。同樣道理，如果喺台灣的話，我首選清粥小菜，佢哋嘅地瓜粥只係比潮州粥多咗嚿地瓜，小菜就比潮州打冷多嘢食得多囉，同樣地豐儉由人，想食乜都有咁滯！然後就係關東煮，咦！又係關東煮！呢個關鍵字出咗兩次，我真係鍾意佢嗰！

其實關東煮好清淡，用昆布或者鰹魚做湯底煮蘿蔔、雞蛋、蒟蒻、海帶同竹輪，可以完全空口食，傳統嘅會跟埋一碟黃色芥辣，新派少少會再畀多碟綠色柚子辣椒醬，我兩樣

都歡喜，輪流點嚟食，有一種小確幸。不過食關東煮最重要嘅靈魂係飲酒，起初我以為咁叫做一路食一路飲，食多咗之後尤其係每次喺台北延吉街嘅佃權，同個老闆吹水，喺嗰種氣氛之下叫酒一合一合咁叫，所謂一合就係有個方型小盒入面有隻細細嘅玻璃杯，店家先倒清酒落玻璃杯慢慢啲酒滿瀉就流落去個木盒，直至兩個容器都滿咗為止。咁樣一合其實係 180ml，飲杯酒都咁有儀式感，睇得高興飲得開心，先至發現自己其實係一路飲一路食，關東煮係用嚟送酒㗎咋，就係咁最後一定飲多咗，達到我鍾意嘅飲酒境界，微醺為止，嘩！講到呢度係咪都想去番轉先！

虱目魚

台灣好多農產物都好好，香港比較多接觸嘅一定係水果，鳳梨、釋迦同蓮霧固然係，加埋愛文芒同文旦就真係超級無敵冇得輸喇！米同茶葉都唔輸蝕，繼承日本人嘅種米技術同米種，佢哋嘅米飯都好好食，唔輸畀日本㗎。另外本省人多數係閩南人，泡茶文化又都好深厚，佢哋嘅高山烏龍向來係我冷泡茶嘅首選，岔開一筆，當地生產嘅蜂蜜亦係一絕！

但係講到食魚，喺台灣經常食到嘅係鯧魚，我好鍾意食米粉湯，鯧魚米粉湯就係一個高級版，將一條煎好嘅鯧魚放入嗰煲用芋頭煮嘅米粉湯度煮多一陣，鯧魚得主骨冇乜細骨，可以大啖大啖咁食，嗰啖湯鮮甜無比，仲有香芹同胡椒粉，真係會食到出一身汗，幾鬼過癮呀！

另外就係紅喉，第一次食到覺得正嗚肥美肉滑，問台灣朋友佢個名，佢用台語講我知，驟耳聽以為係「奸猾」，笑到我肚痛，冇見過文字只係得發音，我係唔會記得到嘅，追問咗幾次先至話，佢個中文名叫「紅喉」，後來上網查原來佢就係赤鯥魚。唔好以為紅喉嘅喉嚨係紅色，佢只係紅色皮，

喉嚨係黑色，佢亦都有個別名叫做喉黑，因為黑喉係另一種魚，銀色皮黑喉嚨，外形上其實好容易分，食味都係，因為紅喉似係次一級嘅 Kinki 喜之次，係貴價魚，可以做魚生，又可以清蒸亦可以香煎！

不過喺台灣最常食到嘅應該係虱目魚，台灣虱目魚係養殖嘅大量生產，所以一街都係食佢，如果去台南你就明白，虱目魚主要食最肥美嘅魚肚位置，近年喺內地發展嘅台灣歌手蕭敬騰，闖出名堂之後同傳媒講過，喺佢最霉窮到爛褲穿窿嘅日子，多得樓下間虱目魚店個老闆肯畀佢賒數，所以一直心存感激。不過今時唔同往日，佢長居咗成都轉咗食水煮魚 luu……好彩，小孩子才做選擇題，我係成年人，當然全部都要！

台灣食魚

兩個禮拜前喺台北鄒記食舖食到一大塊香煎鱈魚，嗰塊魚成隻碟咁大，冇錯唔係一條係一塊，橫切面應該都有八吋闊，煎到金黃色，賣相好魔鬼好誘惑，入口就先酥後嫩，由於餐飯已經去到尾聲好多人嘅戰鬥力下降，挾完第一轉都仲有半塊喺度，益咗我可以挾多幾次。其實台港兩地食魚文化好唔一樣，喺台灣，魚可以直接做魚生片，亦可以蒸，不過佢哋好興落一種果實叫破布子去蒸，破布子望落去有啲似黃皮咁都係漿果帶一啲酸味，不過黃皮尖佢係圓嘅，我就有啲食唔慣。然後就係煎同烤，烤魚即係燒魚，喺明火上燒咁意思。

同幾個住喺台灣嘅香港人傾食魚，住咗喺台灣超過四分一世紀、我個「美食駐台辦」就鍾意黑喉同紅燒馬頭魚。喺台灣有兩條魚個名好接近，一條叫黑喉另一條叫紅喉，但如果你打開紅喉睇佢喉嚨又係黑色嘅，乜紅喉又會變黑喉？最初我都畀佢搞到一頭霧水。要分辨都唔難，因為紅喉係紅色皮，黑喉係銀黑色。學術啲去分，紅喉就係日本人嘅赤睦，油脂高肉嫩滑嘅貴價魚。黑喉就係鯛魚嘅一種，都係好魚，

當年住台北每次食到呢兩種魚我都會感恩，心裡面諗呢兩種魚食一世都願！

咁啱有個搬咗去台北住嘅填詞人同我一樣都係鍾意紅喉魚，不過佢鍾意香煎，我連汁煮同鹽燒都歡喜，反正各有各好，輪住嚟食咪得囉！佢常去嘅係一間叫做欣海岸嘅熱炒店度食，我都去過，嗰次我食鯧魚米粉，嗰度除咗嘢好食性價比高，仲可以 7 點坐到 1 點，咪就係咁有班香港人當咗嗰度係佢哋嘅飯堂 luu，有興趣試吓去撞佢當偶遇囉！

邊度貴

台灣觀光署最新資料，2024 年 1 至 10 月台灣人出國目的地統計，最多人愛去嘅亞洲國家仍然係日本，累計 504 萬人次；第二名係中國大陸有 230 萬人次；而第三名至第五名為韓國（119 萬人次）、越南（104 萬人次）以及香港（100 萬人次）。有網友討論「大家心目中有沒有去過一次就不想再去的國家？」貼文引起討論，唔少人都指出「香港」此生冇理由再去第二次，不單止物價高，景點也非常無聊，如果冇迪士尼嘅話，完全不會想再去玩。

喺台灣人眼中香港嘅物價有幾高？劉小姐一家人 2024 年 2 月嚟香港遊玩六日五夜，認為機票貴唔在講，多種小吃價格更是驚人，有啲包賣 90 港幣，雞蛋仔要 35 蚊一底，隨便一家餐廳都逼近 500 蚊，甚至親子餐廳嘅價位喺台灣約 2000 新台幣，去到香港就變成 3500 新台幣，即係 500 港幣變 875 港幣？劉小姐仲話每人嘅旅費要成兩萬五港幣，咁又確係貴得驚人嘅！

年尾做總結，2024 年我出門 11 次，去咗 59 日，其中 4 次去咗台灣，4 次台北有 1 次連埋台南，一共 17 日，自然對台灣嘅物價有啲認知。好似我習慣走嗰朝會去街市買菜返香港，最近一次去咗成功市場，我哋兩個人一人一杯手沖咖啡，一碗米粉湯同一碟黑白切兩份食，呢個早餐總共 400 新台幣，大概 100 港幣，兩個人分一人 50 蚊，喂呀，杯咖啡好飲，米粉湯正，黑白切共有四個部位，食飽晒，真心平靚正。

咁香港係咪真係貴呢？鬼叫香港有土地問題，最貴已經唔係租金，係人工呀，再加埋食材全入口，唔同台灣大部分都係在地食材，自然平過我哋，所以比價格香港輸硬，咁比味道呢？上次喺台北臨走去咗目前最火紅嘅粵菜晶華軒食晏，我負責點菜，話晒嗰日係星期日，決定叫幾味點心，幾個小菜，一個泡飯算係食勻各路出品。話晒酒店入面嘅中菜廳，水準已經有保證，點心精緻，小菜出色，一碟叉燒已經見到功架，正所謂事半功倍，鬼叫台灣豬肉靚咩，燒味部只要正

常發揮都夠贏，更何況嚐叉燒燒到既燶邊但又唔係地拖嗰個部位，切出嚟每件都好似用間尺度住切咁勻循，唔使吼住揀件大嘅挾，係咪好貼心呢！

一碟炒芥蘭又見另一種心思，上枱時以為搞錯，乜我唔係點咗芥蘭咩？點解畀咗碟蘆筍我哋嘅？原來每條芥蘭都裁到淨係得番條芯，唔使擔心啲芥蘭厚皮老咗，家陣條條都咁嫩口，一碟廿幾條，好明顯要有專人摘菜。另外比較昂貴嘅兩道菜係膏蟹馬蹄蒸肉餅，同埋鱈蟹西施泡飯，都接近一千蚊港幣一客，但埋單一人唔使七百嗬，我肯定呢餐飯喺香港的話，冇一千落唔到樓。我嘅結論係冇比較冇傷害，食得起食得開心最緊要！

薩琪瑪

2021 年時，台灣新冠肺炎疫情持續並急需疫苗，立陶宛宣佈捐贈兩萬劑阿斯利康疫苗畀台灣，台灣義美食品為表達民眾感謝之意，決定回贈一整個貨櫃嘅台灣知名小食——小泡芙——畀立陶宛。義美係台灣一間喺大稻埕起家嘅家庭式企業，起初賣餅食，第二代揸弗人轉型做包裝食品供應商都超過七十年，咁耐以嚟都冇上市，但喺台灣基本上係無人不識嘅品牌。

真係唔明點解義美捉到鹿唔識脫角，送禮表心意又會揀法式嘅小泡芙，唔揀台灣國寶之一鳳梨酥嘅？話晒泡芙係西方人甜食，都流行咗幾百年，冇乜理由班門弄斧㗎喎！西方人嘅 cream puff 日本人都做得唔錯，其實東方人嘅糕餅甜食咁多種，好多都值得推廣介紹畀全世界㗎。OK，你嫌鳳梨酥太行，台灣仲有大把做得出色嘅中式糕點，等我嚟喇！

芸芸中式糕餅甜點當中，一直被低估嘅係薩琪瑪。細個嗰陣淨係叫佢做馬仔，大個咗至知佢有個全名，薩琪瑪、沙

其馬、賽其馬都係佢，有咁多個差不多嘅名係因為佢來自滿洲，根本就係滿洲話嘅音譯，呢嚿又叫金絲糕嘅甜食喺清兵入關之後，就喺北京流行起嚟，當年甚至乎係供佛祭品。佢嘅成分只有麵粉、雞蛋同砂糖，簡單又味美！

世界上第一代 KOL，即係歷代皇帝皇后，任何同佢哋有關嘅一切即刻畀人搶購，邊個唔想試吓皇帝皇后嘅滋味先得㗎。就好似泡芙嘅來由，相傳係同法國皇后有關。其實清皇朝就係滿洲人，薩琪瑪就係佢哋嘅家鄉小食，又點會同皇帝冇關呢？淨係康熙、雍正、乾隆三朝呢百幾年已經可以大做文章，咁好嘅孖屐亭元素擺晒喺度，硬係冇人將佢發揚光大，實在可惜。

薩琪瑪絕對唔會輸畀泡芙，泡芙同樣用麵粉雞蛋做出個 puff 出嚟，中間填滿忌廉，如果冇咗啲忌廉，泡芙肯定冇咁受歡迎。只不過中式糕餅總係欠缺咗啲包裝，一般買得到嘅包裝係一包九嚿，嚿嚿好似扭計骰咁大，每次開咗個包裝食

一、兩嚿之後，再包番好，下次再食肯定疏晒氣，即係話保存問題需要解決。既然出得小泡芙，即係可以出迷你一口薩琪瑪喇！有冇食品生產商聽到我講嘢吖，有就快啲做嘢喇，我等你！

辭官的牛軋餅

位於台北市大安區永康商圈嘅知名伴手禮店「蜜密牛軋餅」，無預警宣佈，由於不敵物價上漲，加上原物料斷貨，導致「無法繼續做出平價又美味的零嘴，被迫遠離初心，因此痛心決定停止營業」，於 1 月 27 日農曆春節前熄燈。近年來，「蜜密」成為唔少觀光客必買伴手禮，尤其品牌喺韓國當地掀起知名度，多數韓國人去台灣會一次搜刮幾十盒帶返去分享。

呢個消息真係晴天霹靂，香港就話多結業潮啫，冇諗過台灣都有囉。第一次食到呢款牛軋餅係台北美食家徐天麟當年帶畀我嘅手信，一盒有 16 塊，我打開一盒，一食就食咗半盒，嚇到我即刻冚番個蓋，太好食喇，根本停唔到口，得兩盒容乜易四日就食晒㗎，咁食法唔得㗎嘛！自此我去台灣旅行都會買返香港做手信，但每人限賣五盒，又要自用又要送禮，唔夠送喎，點算好？

有一次去撞啱係農曆新年前，咁啱台灣市面全部都係年貨，我買咗一大堆嘢食返香港，反正樣樣都唔夠數量送畀人，

但我又想佢哋個個都試到唔同嘅產品，最後忽發奇想，自製福袋咪得囉！一於搵一個唔大唔細 size 嘅密實袋，樣樣執一啲放入去，兩塊牛軋餅用保鮮紙包起，再加埋啲有殼嘅黑金剛花生，同埋唔同口味嘅糖果，就咁樣細細袋送畀人，應該睇得出我心意行先，唔會覺得我小家啩！

點解我咁鍾意呢款餅乾？係因為佢一次過滿足我兩個願望，首先佢係用兩塊香葱餅，夾住嘅就係牛軋糖，即係香港人嘅鳥結糖，澳門人就叫佢做紐結糖，原名係 nougat。佢嘅香葱餅嘅葱味好夠，而我咁啱係一個葱控，除咗葱香之外，餅嘅脆硬度又係啱啱好，硬得滯唔好咬，軟得滯又一咬就碎，唔好拿捏。而牛軋糖同樣對軟硬度要求極高，太硬嘅話會咬崩牙，太軟又驚佢黐牙，佢呢款就係軟得嚟唔黐牙，仲要非常夠奶香。餅同糖嘅結合亦都係鹹味同甜味嘅結合，最佳嘅甜品往往都要帶一點鹹，佢真係完全做到晒！咁我又點會唔鍾意食佢呢？

鍾意食到要買佢返香港做手信，仲有兩大優點，第一係售價只係新台幣 220 蚊，折合港幣大約 55 蚊，見到香港代購就由 72 至 95 蚊不等。第二係鍾意佢嘅包裝夠簡約冇多餘嘢，用嘅係一個設計比較密實存氣嘅透明膠盒，上面貼咗張招紙。都唔記得講，我第一次收到嘅時候以為佢係韓國嘢，因為招紙上面除咗兩隻中文字就係兩個我覺得似符號嘅韓文字，台灣朋友解釋呢個品牌係韓國人捧紅嘅，類似韓國版小紅書推介過，佢門口就一直排長龍。有段時間佢甚至乎成為咗台灣第一手信。唉！俱往矣，冇諗過都未食厭佢就收檔，就喺我黯然神傷嘅時候，傳呢單新聞畀我嘅住台灣嘅香港朋友傳短訊話，農曆新年返香港探親，會帶近年搶晒蜜密生意嘅另一個品牌嘅牛軋餅畀我食，佢咁有心令我即時笑番晒，鬼咩同佢個名一樣甜滿！

櫻花蝦杏仁豬肉紙

香港人鍾意食零食，尤其係日本零食，單係薯片都有一百幾十種，同朱古力又或者果汁有關嘅糖果，軟硬都好，選擇多到會令你選擇困難症發作，奇怪嘅係，冇乜印象日本零食有肉乾呢個選項。

唔明白點解朋友去親新加坡、馬來西亞旅行返嚟都係買豬肉乾做手信，細個嗰陣唔鍾意食豬肉乾，估計係因為我好憎對手掂到啲黏黏笠笠嘅嘢，所以出現一口一片迷你包裝嘅豬肉乾嘅時候，我先至願意食，因為搣開個包裝膠袋成塊食完隻手都掂唔到，乾淨利落。

反而細個嗰陣較為鍾意食牛肉乾多啲，有啲本地品牌出嘅牛肉乾係咖喱味，辣辣哋好襟食，但係呢種牛肉乾總係乾到一個點，少啲牙力都扯佢唔開，食一塊牙骹都軟埋，而且啲牛肉最後總會有一絲絲攝晒喺牙罅度，好鬼煩，所以我並唔係任何肉乾嘅粉絲。試過喺美國見到當地出產嘅牛肉乾，個心就諗啦，乜美國人都興食呢味嘢咩？好奇咪買包嚟試吓

囉，點知又係乾爭爭，又係要用力起勢扯先至食得晒，味道冇乜特別，所以外國嘅月亮唔一定分外圓㗎！

唯一得我歡心嘅恐怕只有台灣嘅豬肉紙，佢個全名係櫻花蝦杏仁豬肉紙，當年都係因為要買手信，朋友推薦去迪化街搵呢間買，自此去親都會行番轉迪化街，買豬肉紙就成為咗慣例。佢嘅好處係夠薄又加入櫻花蝦同杏仁，令佢入口香脆，完全唔黏笠笠，冇得頂呀！佢嘅壞處係一食就停唔到口，原本諗住食一兩塊最後就食咗三五七塊，你話死唔死！仲有，每次響佢全朵都覺得佢係西人嚟喎，櫻花蝦係 first name，杏仁係 middle name，last name 就係豬肉紙，台灣產品竟然有個西人名，所以講親都想笑，家陣我咪又喺度笑緊囉！

會爆炸的蛋黃酥

連鎖麵包店「大班麵包西餅」宣佈全線結業。大班西餅喺門市貼出告示，稱近期受到「很多難以預計且不可抗拒的衝擊」而被迫結業，結束 41 年歷史。呢個曾創下冰皮月餅熱潮嘅品牌，高峰時喺香港擁有逾 30 間分店，集團更開拓內地市場，喺北京、上海、深圳等地設點，並登陸淘寶、京東等網購平台。

大班麵包西餅喺 1984 年由郭鴻鈞創辦，佢早年曾喺半島酒店、嘉頓及超群餅店工作，並喺超群工作期間獲「西餅皇后」李曾超群賞識，參與管理工作。直至 89 年推出冰皮月餅十分受歡迎，連續多年成為冰皮月餅銷量第一，盈利佔公司八成。有趣嘅係香港呢邊賣月餅賣到執笠，台灣嗰邊月餅嘅替代品蛋黃酥就開拓咗一個新市場。鬼咩，台灣一共有七個世界冠軍喎！麵包糕點鹹嘅甜嘅都一樣咁受歡迎！七個世界冠軍最大名氣本應係第一個攞到呢個銜頭嘅吳寶春，但近年佢嘅風頭已經畀遲佢七年先攞冠軍嘅陳耀訓蓋過咗！

之所以咁講，係因為陳耀訓攞完世界冠軍，19 年從高雄落腳台北開店，中秋節首次推出蛋黃酥就贏盡口碑，更加被美食界喻為「蛋黃酥界別嘅愛馬仕」，第二年開始瘋狂排隊，2021 年起就使用大型演唱會售票系統嚟賣蛋黃酥了，創下 30 秒就賣晒紀錄，10 粒一盒被炒到 2500 新台幣。去到 23 年有網民笑住話究竟我係嚟排陳奕迅定係陳耀訓？甚至話不如用蛋黃酥嚟做貨幣交換陳奕迅演唱會門票，又或者用陳奕迅門票交換蛋黃酥。陳耀訓因此贏得「被蛋黃酥耽誤的麵包師傅」呢個稱號。

根據台灣農委會統計，2022 年中秋節，全台灣嘅蛋黃酥用咗大約一億顆鴨蛋，咁大家可以諗吓呢個市場有幾大，台灣人口超過 2300 萬，換言之一個人送禮自用大概要買四盒，係一門本小利大嘅絕世好生意，會唔會同大班冰皮月餅一樣，佔全年盈利八成就不得而知，但我舊年都有幸得到一盒陳耀訓嘅蛋黃酥，但就發生咗奧本海默原子彈爆炸事件！

話說我嘅「美食駐台辦」舊年中秋前返香港，帶咗盒陳耀訓蛋黃酥畀我做手信，我梗係珍而重之，有一日帶咗一個返電台做早餐，點知愚笨嘅我唔識用微波爐，令到蛋黃酥喺微波爐入邊爆炸，雖然冇蘑菇雲，但係都有一陣黑煙，白白浪費咗好哋哋嘅蛋黃酥呀，陰功！惟有第二日再帶過，呢次請拍檔阮子健幫手叮熱，結果係抵佢贏，個蛋黃酥既甜且鹹，蛋黃油潤起沙，證明台灣嘅鴨蛋都係靚過人嘅！今年中秋節就到，係時候叫我嘅「手信專員」幫我秒上搶購！

零食勿語

韓國女團 BLACKPINK 成員 Jennie 接受美國綜藝節目《Jennifer Hudson Show》訪問，被問到小時候鍾意食乜嘢零食，佢有備而來帶咗幾包零食上節目，包括蝦條同脆餅，其中一款香蕉脆條更加係佢最愛嘅零食。冇諗過呢個舉動令到韓國農心股價連升四日，市值增加咗 2640 億韓圜，折合 14 億港幣，令農心嘅小編都出 post 多謝佢，仲話多得佢帶挈，香蕉脆條先至可以喺美國電視節目出鏡 5 秒鐘咁多！

所謂童年零食回憶錄，真係要講，要推介要懷緬的話恐怕會講到口水乾寫到手跛，只不過年代唔同食嘅嘢唔同，我惟有咁分：一定要係預先包裝喺士多又或者超市同便利店買得到先算，跟住又分甜同鹹兩大類別，好似各式薯片、橡皮糖之類咁喇。

喺呢兩個條件之下，我竟然諗唔到任何一樣係我嘅童年最愛，反而係過年後發現屋企有包迷你裝三角形嘅朱古力，一袋有十幾廿嚿啯隻，由於我唔會主動買呢類零食將近三十年，見到又口痕想食返嚿，咁咪開一嚿喇，嚿嘢約莫兩吋長，

我一啖咬咗一吋，哎喲！做細路仔嗰陣時鍾意食甜嘢，幾乎係無甜不歡，偏偏人大咗真係會變咗，如果日本豉油都分濃口同淡口兩種的話，我目前食甜嘢就一定係偏向淡口，原來我嘅口味仲喺度進化緊，呢啲以前覺得好食嘅今日又唔係咁認為，惟有理解呢種係人嘅進化過程，返唔到轉頭都冇辦法！

即使係鹹嘅，細個其中一款我好恨夠錢買嘅零食係辣味牛肉乾，佢最大嘅好處係夠乾，乾到我可以一嚿嚼好耐先嚼到佢軟熟先咬得爛晒吞到落肚，每食完一嚿就要飲一大杯水，兼且嚼到牙骹軟，雖然一包得幾嚿咁多，但夠得滯唔會一次過食晒，係咁多種零食入面最襟食嘅！係咪咁我就從此放棄咗零食呢個範疇呢？都唔係㗎，好似我去外國旅行其中一個指定行程就係行超市，遇到新出嘅零食都會先買嚟食，啱食就入貨當手信送畀朋友。

就好似我送過一盒台灣出嘅花生醬蛋捲畀前輩朋友，3月中前輩朋友去台北玩四日三夜，問我攞餐廳推介又問我去邊度買得番嗰隻蛋捲，我哋呢啲做後輩嘅識做，推介完仲訂

埋枱，訂埋蛋捲送埋去酒店，係咪貼心呢？主要係朋友同我一樣，一訂就十盒，證明佢都好欣賞，亦因為佢嘅委託，我知道自己仲未長大，只不過口味不斷變化，仲未定性囉！口味上應該青春過 Jennie 嗱呀！因為佢為咗 keep fit 要戒口，我唔使囉！

泡麵風波

內地同台灣人口中嘅泡麵即係香港人嘅即食麵，我係由細食到大嘅，由我 12 歲親手煮第一次即食麵，即食麵都不斷起革命，香港人最鍾意嗰個日本品牌，由原味即係有包小麻油嗰隻開始，到雞蓉麵到豬骨湯底，後來甚至出埋杯麵，連煮都慳番，加熱水焗三分鐘食得，方便到呢！呢個時候台灣即食麵亦發展到碗麵，仲有實體配料，好似牛肉、雞肉、豬肉。即食麵發展到今時今日，已經層出不窮，連乾撈麵都出埋，乜嘢款式乜嘢味道都有，去一轉超級市場你就明白，除咗日本同台灣，泰國、印尼、韓國嘅出品嘅都好受歡迎。

近年我對台灣即食碗麵情有獨鍾，尤其一系列酒香泡麵，包括花雕雞、花雕東坡肉、麻油雞、三杯雞、花雕酸菜牛肉等等，除咗鍾意一切有酒香嘅食物，亦因為佢背後個故事相當有啟發性，話說原本屬於台灣國營嘅菸酒廠，由於佢哋嘅出品係免稅嘅，令到全台灣都幾乎淨係食佢哋生產嘅香煙同飲佢哋出品嘅酒，隨住國營企業重返市場正軌，2002 年佢哋終於重返稅務市場，再冇得做獨市生意做，要跟市場競爭。

喺約莫十年前，發現庫存好多滯銷嘅花雕，但酒就年年釀，就嚟冇地方擺，為咗自救，就研發用賣唔去嘅酒做泡麵，2012 先出麻油雞麵，2013 再出花雕雞麵，佢哋嘅目的唔係賣麵賺錢，而係要用咗啲酒騰出番啲地方，起初市場反應麻麻，幾乎要下架咁滯，去到 2015 年忽然爆紅，家陣一年銷量超過 1200 萬個！

澱粉休克

香港馬拉松於週日舉行，運輸署就會喺週六晚上 11:30 起喺油尖旺區分階段封路。而港鐵有 8 條鐵路線嘅頭班車會喺星期日提早開出，其中屯馬線同東鐵線將於當日凌晨 3:25 開出，讓跑手準時抵達起點。巴士公司亦安排部分通宵巴士接載跑手前往尖沙咀、銅鑼灣同天后。今年有 7.4 萬個名額，約 1.5 萬非本地跑手，佔約兩成，嚟自 101 個國家；另外，今屆亦有 14 男 10 女精英跑手參賽，大部分來自非洲。賽事仲要係首次於啟德體育園體藝館舉行嘉年華及派發選手包。

識得唔少朋友都有參加，聽佢哋話要開始食多少少碳水化合物即係澱粉質去應付星期日嘅比賽，莫講做運動員好規律，包括生活訓練同飲食，原來業餘跑手跑個馬拉松都要做好多準備，每次同佢哋食飯，總係會聽到聖誕呢輪食得多重咗成 kg，過年又話死啦聖誕嗰 1kg 都未減，唔可以食咁多嘢啦！運動同美食係咪唔可以並存呢？呢個係我一直嘅迷思！

我懷疑香港人嘅飲食文化係全世界最高澱粉質攝取量，唔信一齊嚟睇吓：早餐食茶餐廳嘅人多的是，餐蛋麵、沙嗲

牛麵、火腿腸粉，甚至蛋治、奶醬多都好，澱粉比例係咪好重呢？中午食晏，燒味雙拼飯、茶餐廳碟頭飯抑或係兩餸飯，都係飯飯飯。到咗晚飯一家人坐埋枱，當你一湯三餸，白飯依然係任裝，仲未計餐與餐中間肚餓食嘅杯麵、餅乾。如果要統計的話，呢條澱粉數襟計。

近年都意識到呢個問題嘅嚴重性，試圖 cut carbs，但係發現我哋嘅日常飲食習慣已經唔容易改，就以我為例，自己煮的話好多時貪方便，煮嘅都係一煲過，譬如冬天就係煲仔飯，平時可能就係蝦子麵、米粉之類，加啲肉同菜又或者雞蛋咁就一餐。唔想整咩？落街食囉，唔係食牛腩粉就係雲吞麵、魚蛋粉、越南牛河、獅子頭菜飯，最離譜嘅係食蛋煎腸粉再加一碗豬骨粥，人哋大吃大喝後就食物休克，我呢餐食完即刻澱粉休克，問你死未？

今個新年，除咗食大量嘅過年糕點，蘿蔔糕、芋頭糕、年糕之外，仲食咗兩盒啱啱喺台北關門大吉嘅蜜密牛軋餅，兩大盒本地佛教非牟利組織生產嘅炸芋絲，最後仲收到台北

返澳門過年嘅朋友專誠買畀我嘅一盒法式糕點，係台灣著名廚師 THOMAS CHIEN 簡天才出品嘅芒果朱古力達克瓦茲，係法式傳統甜點，嘩！又係停唔到口㗎，大癲！咁你話喇？點先可以同佢哋切斷關係？如果每年都對自己有一個新期許，今年要挑戰難度，嚟個澱粉質斷捨離！等出年收報告喇！

愛玉

台灣一名男子發現放喺雪櫃嘅「果凍」少咗六粒，查問之下原來係佢老豆食咗，男子老竇解釋因為擔心長時間存放會壞咗先至攞嚟食，仲話好味道。該男子之後先講出真相，原來果凍係專供甲蟲食用嘅「黑糖樹液」，並非畀人類食用。呢個答案令到佢老竇好無奈，惟有話以後唔好亂放，否則食死咗點算。

台灣人嘅果凍即係香港人嘅啫喱，不過台灣人唔興食啫喱，佢哋流行食嘅其實係仙草同埋愛玉，仙草即係我哋嘅涼粉，愛玉就真係得佢哋獨有，香港冇，其他地方都冇嘅。涼粉定仙草我都歡喜，細個嗰陣時，雪櫃並唔係家家戶戶都有，所以街邊車仔檔好流行食冰，呢啲冰唔係今時今日冰毒嘅冰，而係菠蘿冰、紅豆冰、涼粉冰，用高身上闊下窄平腳嘅玻璃杯，裝滿七成冰，另外兩成材料，然後插枝飲管同匙羹，就咁企喺街邊食㗎喇，當年我已經好鍾意食涼粉，但一定走奶，夏天食真係消暑良品！

第一次喺台灣食到愛玉已經覺得好特別，但冇即時愛上，只覺得佢淡淡的，味道清爽，後來去咗將一間和風大宅改建而成嘅高級台菜餐廳，食到甜品，就係一碗桂花檸檬味嘅愛玉，仲放咗朵食得嘅白色花喺上面，淨係個賣相都已經睇到人透心涼，唔食得都睇得吖嘛！當時已經預言呢間餐廳一定會成為米芝蓮星級餐廳，果然！

愛玉原名叫愛玉子，係台灣先至有嘅植物，可以自家製，用布袋包住愛玉子，喺水入面搓搓搓，搓到佢出汁亦即係出膠，當呢啲膠水混入水裡面就會凝固，食嘅時候加入自己喜歡嘅味道就食得，冇錯，愛玉子汁液本身就係天然果凍，最基本加入蜜糖水榨幾滴台灣青檸檬就已經 OK，順帶一提，台灣有好多唔同嘅蜂蜜，純天然，有益又好味，試過一樽荔枝味，冇得頂！

其實涼粉可以喺屋企做，不過過程繁複，將仙草泡浸洗乾淨之後就煮，大概煮三個鐘頭就變成墨汁咁黑嘅汁，然後

要過濾雜質，所以一般過兩次，攤凍再加入魚膠，放入雪櫃等佢凝固，之後就食得，聽完我講呢個過程，應該冇人想試吓自己做，買現成嘅算數。

愛玉檸檬

廣東東莞有涼茶店喺涼茶中加入消炎止痛藥物「布洛芬」等，東莞第二法院裁定黎姓經營者構成生產、銷售有毒、有害食品罪，判處有期徒刑六個月，緩刑一年，罰款二千元人民幣。

廣東人將養生意識放入生活入面，湯水係日常嘅滋補飲品，所謂湯水，不論凍熱同煮嘅時間長短，就好似湯都會再分老火湯同滾湯；我屋企嘅分類係夏天飲滾湯，其餘時間飲老火湯。水就係涼茶、糖水，呢樣嘢有凍有熱更加唔分季節，因為一年四季我哋都會熱氣、濕重，要消熱祛濕不外乎係涼茶幫到手。上個禮拜我個台北好朋友——佢係我嘅「美食駐台辦」——返香港幾日要寄宿幾日，我分配到同佢食一餐晏同一餐晚飯，佢講到明唔使食大餐，想食一啲佢喺台灣食唔到嘅，好似魚蛋粉同食糖水。

撞啱食晚飯嗰晚後來安排咗去睇首映，於是惟有簡簡單單食魚蛋粉，睇完首映佢話想食糖水，即刻帶咗佢去原本喺天后，呢兩年搬咗去灣仔道嘅甜品店，「駐台辦」真係出盡

力，食完一碗蓮子腐竹糖水再食多碗蛋白核桃糊先肯罷休。前一排招呼另一個台灣朋友，未落機都已經同我講好一定要食燉雙皮奶同薑汁撞奶。一時間搞到我覺得香港嘅糖水真係好有江湖地位！

輪到我週末去台北，天氣悶熱過香港，仲要「吽」㗎嗰種翳焗好惡頂，臨走嗰日走咗去食街邊檔，有我心愛嘅芋頭米粉湯，而呢檔冇黑白切，惟有單點豆腐、粉腸、豬皮同肝連，另外要咗一份透抽，坐喺路邊食呢啲嘢，一路食一路滴汗，食完之後背脊濕晒，再去另一檔食滷肉飯、滷大腸、竹筍排骨湯同一碟燙青菜，飽上加飽之後，真係熱得過分，行咗去另一檔食冰。

台灣嘅甜品不外乎傳統嘅湯圓同埋芋圓、仙草呢啲，當年初到貴境，經常見到青蛙下蛋呢四個字，問台灣同事究竟係乜嘢，原來係當地甜品常見嘅一種材料，叫做粉圓，由於望落去真係有啲似青蛙嘅卵，索性改咗個咁嘅名。第一次食都覺得有啲恐怖，如果有密集恐懼症嘅人應該唔可以叫嚟食，

否則會尖叫然後彈開。我食咗一次都冇再食第二次，其實粉圓就係珍珠奶茶嘅珍珠，不過青蛙下蛋係白色而且細細粒，珍珠奶茶相對大粒好多，而且加入咗焦糖令佢變成黑色，唯一相同嘅係兩者都係 QQ 的。

喺台灣我唯一會食嘅係甜品其實係檸檬愛玉，愛玉其實係一種植物嘅果籽，將佢用塊布包住喺開水入邊好似洗衫咁洗，洗洗吓就會有一啲汁液洗出嚟，啲汁液最後會凝結成為啫喱狀，佢冇乜味道，但係質地 Q 彈，多數都會配搭其他嘢一齊食。所以今時今日你再見唔到青蛙下蛋，但你會見到檸檬愛玉呢四個字！通常呢啲檔口有好多種配料畀你揀，好似我哋嘅車仔麵咁，但我只係會要檸檬愛玉，因為想食啲涼快又清爽嘅嘢落肚。佢哋甚至乎唔會用把刀切開佢，係就咁搵手搣然後放入檸檬製成嘅糖水，最後加冰，食得！因為全世界只有台灣有愛玉，所以去親台灣都會食番碗，尤其係夏天三十幾度高溫之下，爽爆！

烏龍茶

佘詩曼擔任茶飲代言人，以仙氣造型拍攝廣告。正忙拍新劇《新聞女王 2》嘅佘詩曼，表示開劇時會感疲累，飲茶可以提神外，仲可以解膩消滯，因劇組嘅飯盒多數偏向油膩。出外景時，天時暑熱飲冰凍嘅茶，令「火氣」全消；冬天用作熱飲，暖笠笠唔傷胃。愛食嘅佢會選擇飲無糖茶阻截脂肪吸收，仲話自己一向為食，所以一定會選擇無糖茶，對身體零負擔。

我媽媽鍾意飲普洱，當年喺茶莊逐斤買返屋企，我對佢飲嘅茶不敢恭維，因為佢鍾意飲濃茶，俗啲講句黑過墨汁，搞到我鍾意飲西人紅茶多啲，飲得最多嘅係凍檸茶同埋伯爵紅茶。凍檸茶梗係去茶餐廳，熱茶係去高級酒店食下午茶先至會叫番杯格雷伯爵紅茶，襯番我最鍾意嘅 scone 同埋青瓜三文治。真正愛上飲茶其實係去台北工作嗰段日子，因為台灣人嘅飲茶文化相當普及。最記得當年收工夜又想食嘢又唔想食太飽，有同事帶咗我去敦化南路一段附近一間叫「我的

家」炭烤店，一食愛上，每次食飽老闆就會泡茶請客人飲，有啲似食完潮州嘢飲番杯功夫茶咁，佢杯茶聞到香入口滑味留甘，我覺得好飲問佢係乜嘢茶？佢話係高山菜。

於是我走去研究吓乜嘢叫做高山茶，原來佢位列台灣十大名茶：凍頂烏龍、文山包種茶、東方美人、松柏長青、木柵鐵觀音、三峽龍井、阿里山珠露、台灣高山茶、龍潭龍泉、日月潭紅茶。只要海拔 1000 公尺以上的茶園生產嘅就屬於高山茶，較著名嘅產區有阿里山、梨山、杉林溪等，茶葉經過輕發酵而成，保留較多嘅茶葉香氣同鮮爽度，並具有較好嘅回甘效果，說穿佢都係烏龍茶嘅一種。

凍頂烏龍係我第二種愛上嘅台灣茶，台灣人簡稱佢做凍頂，係一款來自台灣南投縣鹿谷鄉凍頂山嘅知名烏龍茶，係台灣茶嘅代表之一，被譽為「茶中之聖」，屬於中度發酵茶。當時一路飲一路疑惑，凍頂烏龍喺香港叫做乜嘢名呢？點解我未聽過未飲過嘅呢？謎底終於解開，原來我哋潮州人成日

飲嘅鐵觀音就係烏龍茶嘅一種，屬於半發酵茶。簡單嚟講，所有鐵觀音都係烏龍茶，但並非所有烏龍茶都係鐵觀音。有時喺香港食潮州菜，飯前餐後總會有盤功夫茶畀客人飲用，有時飲到唔錯嘅就有種似曾相識嘅感覺，唔怪之得！加上我年紀開始大，有耐性飲熱茶，就會買啲靚茶葉返屋企自己泡茶，冬天熱飲，夏天冷泡，真係甘香醇厚齒頰留香！

正宗珍珠奶茶

劉思慕以漫威電影《尚氣》為觀眾所知，2024 年佢以客座嘉賓同潛在投資者身分，喺加拿大 CBC 真人騷節目《龍穴之創業投資》（Dragons' Den）上，認為一對加拿大飲料品牌負責人夫婦，自稱推出創新嘅「波霸飲料」，係唔尊重該飲品嘅發源地台灣，甚至有「文化挪用」之嫌，引發熱議。大批網友衝到該對夫婦公司網頁留言更有死亡恐嚇；結果除咗劉思慕要呼籲大家停止，該對夫婦亦發文公開道歉，希望制止事件繼續發酵。

文化挪用嘅意思係指較強勢嘅個體或文化群體面對相對弱勢嘅個體或文化群體時，以未充分理解、誤解、取笑、歧視或不尊重嘅方式，直接採用、侵佔、剝削、抄襲或複製弱勢文化，均被視為一種政治不正確嘅行為。家陣全世界乜都講求政治正確，白雪公主都要由有色人種擔綱演出就明晒啦，否則會有人批評迪士尼種族歧視。咁大家明白五歲就移民加拿大嘅黑龍江人，喺安大略省長大嘅劉思慕點解咁嬲未？

有關珍珠奶茶，喺台灣出現過一場官司，台南翰林茶館同台中春水堂為咗爭邊間發明珍珠奶茶，曾互相告到台灣法院，經過十年訴訟，最終法院判決珍珠奶茶係新型飲料，非專利商品，雙方皆無法取得專利。所以珍珠奶茶係屬於台灣嘅，冇諗過佢可以衝出全世界啫！

廿幾年前我去台灣工作第一次飲到珍珠奶茶確係驚為天人，泡沫紅茶加粉圓，1 加 1 點知變咗 e=mc2 核爆嘅威力，嚴格嚟講佢似一個甜品多過一個飲品，奇就奇在我唔鍾意食俗稱青蛙下蛋嘅粉圓湯，但係啲粉圓去咗杯奶茶度，就即刻升價 10 倍，留喺台灣嗰兩年都飲咗唔少。但係返咗香港之後又好少買嚟飲，反而每次去台中都會去春水堂飲番杯，係咪特別好飲啲？我懷疑係有個台中人同我講過邊度發明嗰個爭論，台中人列舉咗好多例子出嚟，我應該畀佢催眠咗，所以心裡面一直認定珍珠奶茶係台中發明，嗰一刻我明白點解個個都爭住做正宗，真係零舍馨香囉！

襟針美食

2024 年巴黎奧運圓滿閉幕，兩大獎牌大戶中國國家隊同美國隊，繼上屆東京奧運後再次於獎牌榜鬥到最後一刻。最終美國隊喺第 16 日賽事收穫兩金，包括壓軸登場嘅女籃隊締造八連霸，與憑李雯雯喺舉重女子 81 公斤以上級進帳一金嘅國家隊同累積 40 金。美國隊以 44 銀力壓得 27 銀嘅國家隊，連續兩屆喺煞科日反壓對方登上獎牌榜首位。港隊則以 2 金 2 銅共 4 面獎牌排名 37。

原來出席奧運嘅運動員，除咗喺比賽場地爭金銀銅牌，比賽以外都仲有嘢爭，就係唔同國家出嘅特別紀念襟章仔呀。今屆好受歡迎嘅其中一款係 Snoop Dog 嘅私人襟章，一個半身著住藍色衫嘅 Snoop Dog 吐出五環色彩嘅煙圈。另外就係中華台北嘅珍珠奶茶，一杯飲咗四分一嘅珍珠奶茶，杯身上有中華台北奧運旗徽、英文巴黎 2024 字樣，左下邊有三個紅白藍小心心，右下邊有一座奶茶色嘅巴黎鐵塔。呢個珍珠奶茶襟章紅嘅程度除咗有外國選手喺抖音出片跪求交換之外，更加被發現喺二手網站以 227 美金放售，兌番港幣超過千七蚊呀！你話癲唔癲？

由於呢啲襟章唔會公開發售，確係有啲難得到嘅。就好似中華台北呢個珍珠奶茶，除咗同運動員交換之外，唯一免費得到嘅機會就係去借巴黎奧運宣傳台灣，喺巴黎開設嘅台灣館，每日會送出限量嘅禮物包，入面隨機放唔同嘅紀念品，得唔得到就睇運氣喇！我哋香港出嘅特別紀念襟針係代表獅子山精神嘅獅子堅仔，唔係唔得意，而係西人唔識佢背後嘅意義。反而珍珠奶茶征服咗西方國家，好多外國人都鍾意飲。講起上嚟十幾廿年前喺洛杉磯，朋友帶我去飲咖啡，排隊買咖啡嘅時候不斷聽到有人叫 boba tea、boba tea，我呢挺資深少女都係問題少女，好奇一問，原來就係珍珠奶茶嘅俗稱「波霸奶茶」嘅英文版，boba 波霸，即刻唔執輸叫番杯，估佢唔到都整得幾好味㗎噃！

如果香港美食作為軟實力，出乜嘢 pin 會吸引外國人呢？呢個確係有啲難度，既要造型上有得搞而且一眼就認得係香港特式嘅其實唔多，真係要數咪又係得雞蛋仔、菠蘿油、港式絲襪奶茶、酥皮蛋撻、燒賣同咖喱魚蛋。要認得出係港式絲襪奶茶就一定要連住一個厚身嘅英式連碟茶杯，因為呢個

飲品係英治時期港英融合嘅一個標誌性符號，不過官方未必願意咁樣推廣；菠蘿油、酥皮蛋撻都一樣，咁搞法得番燒賣同咖喱魚蛋，衰又衰在日本嘅章魚燒又或者燒年糕丸子都已經成為呢串燒三兄弟嘅造型霸主，好難突破喎！惟有出絕招喇，燒鵝，邊個嚟過香港嘅西人冇食過燒鵝呀？得喇啩！有嘅話，我都想要番個！

台灣水果十大

台灣一年四季都有不同水果輪流當造，如果畀我做代理，批發台灣水果嚟香港，咁就發達啦，正所謂機會係留給有準備的人，因為我心裡面一早有咗「叱咤 903 翠蓮專業十大」最強名單，即刻同大家數榜。

第十位，芒果，5-9 月當造，作為水果並唔係最好食，但用佢嚟加工就冇得頂，所謂芒果青，顧名思義係將未熟晒仲青 BB 嘅土芒果拎去醃製，酸甜爽口，至於愛文芒就拎去做果乾會出色得多！

第九位，梅子，4 月當造，同樣地，佢係水果嘅時候我唔食佢，但加工後變成任何梅子產品都一流。第八位，桑椹，4-6 月當造，紫黑色嘅醬果，超級多維他命 C，即係抗氧化能力超強，又大粒又甜，我認為佢係台灣漿果之中最好嘅！第七位，紅龍果，6-11 月當造；從來唔鍾意食火龍果，第一次食到台灣紅龍果之後，即刻愛上，唯一要注意嘅係食咗佢之後辦大事，係會屙番啲天氣色素出嚟，注意番就得唔使驚。

第六位，芭樂，5-8 月當造，香港人叫石榴，品種體型細但好香，咬落口好軟糯，台灣品種啱啱相反，碩大無朋，爽甜多汁，切開之後灑少少話梅粉上去食，會越食越開胃。第五位，鳳梨，全年都有所以冇咁值錢，品質高都唔使我多講。第四位番茄仔，12-4 月當造，冇錯，最受台灣人歡迎嘅玉女小番茄係當水果食㗎！

好喇，進入最後倒數階段。季軍水果，釋迦，8-3月當造，曾經喺呢度講過，佢係我喺台灣發現好食到令人驚訝嘅水果之一。亞軍水果，文旦，9-10月當造;文旦即係香港人嘅碌柚，中秋節必備水果，台灣文旦唔揀大，揀中至細皺皺哋皮嘅至靚，一絲絲嘅果肉好細緻，多汁清甜，最正嘅係佢啲核極之細粒，細到好似芝麻咁，集中喺條直線位上面，一拎走就啖啖肉。

終於嚟到「叱咤 903 翠蓮專業十大」，冠軍水果，就係蓮霧，11-3 月當造，有青色同紫紅色兩種，以紫紅色較為名

貴，顏色越深越貴，黑珍珠就係最貴，香港經常買得到嘅其實係泰國蓮霧，教埋你哋分唔使混淆買錯，泰國蓮霧長長窄窄，台灣蓮霧矮矮肥肥，食落去個分別好大，唔信嘅，買齊兩種返屋企試吓，你就知我冇點你！

台灣菠蘿

台灣本省人，即係講閩南話嘅人，叫鳳梨做旺來，後來講國語嘅外省人嚟咗，就同內地一樣都叫佢做鳳梨，香港人就叫菠蘿，馬來西亞人叫黃奶，新加坡人就叫黃梨，唯一可以統一各地華人叫法嘅只有「鳳梨酥」。細個食菠蘿係好大陣仗嘅，爸爸負責開壇切開佢，媽媽負責放啲鹽落去隻大湯碗度再放滿開水，爸爸會將一片片切好嘅菠蘿放入去，咁至禮成……食得。當時爸爸話唔浸過鹽水，食咗菠蘿之後會澀口嗱脷，梗係唔信，一試又果然不聽老人言，吃虧在眼前。

最唔明反而係點解買嘅時候唔叫小販切開埋佢？要自行批皮起釘咁麻煩。後來屋企食水果唔再來來去去得蘋果、香蕉、橙、梨、菠蘿同西瓜，相對貴價嘅士多啤梨、車厘子陸續出現，已經好耐冇係屋企食新鮮菠蘿。後來喺台北生活嗰段時間，經常食到台灣嘅新鮮鳳梨，發現佢哋完全唔使浸鹽水，好驚訝，而且有晒型號，每款型號嘅外形略有不同，唔單止係大細，連外皮顏色都唔一樣，有黃有綠有略紅，嚇到我擘大個口得個窿！有晒型號係因為農民不斷改良，廿年前，佢嘅型號去到 19 號，今時今日已經發展到 22 號。

台灣人善用資源，鳳梨除咗係水果生食，好經常變成果醬、果乾，我係果乾嘅粉絲，因為佢哋品種多，甜酸度不一，纖維又高，目前一般都係用機器抽乾水分，衛生過天然生曬多多聲，食得更放心。至於名聞世界嘅台灣鳳梨酥，唔知當年係咪鳳梨唔夠甜要溝埋冬瓜醬做餡至啱數，直至 2000 年後台灣先至出現純用鳳梨做餡料嘅鳳梨酥，最記得第一次喺台中初遇強調用台灣 2 號土鳳梨嘅鳳梨酥品牌，因為佢甜中帶酸，分外得我歡心。

西瓜靠邊邊

日本北海道當麻町特產「田助西瓜」，以墨綠色外皮同埋口感爽脆嘅紅色果肉聞名。某年札幌市同旭川市批發市場進行田助西瓜競投，其中旭川批發市場拍出最高成交價 70 萬日圓，約 3.78 萬港元。據共同社報導，以最高價中標嘅喺北海道一間超市，打算會喺店內舉行試食。田助西瓜於 1984 年因應減少水稻種植嘅政策，農民用作取代大米而種植，面世超過四十年。

近年香港人人比較常食嘅係一個只有編號 8424 來自新疆嘅西瓜，感覺上有啲冷漠。同日本一樣鍾意為唔同品種改名亦係台灣農業嘅拿手好戲，單單係西瓜一個單項就有記唔到咁多，試吓數畀大家聽吖：華寶、新蘭、甜美人、黑美人、英倫、王妃、墨妃、秀金、黛安娜、慧玲、嬌蜜、晴蜜、蜜鳳、鳳光、小鳳、小愛、澎湖 5 號同埋台農 6 號。有幾個直情係人名嚟喇，下次搵機會試吓買個慧玲返嚟畀李慧玲，等佢自己食自己，諗起都覺得好笑！

台灣嘅夏天悶熱同香港有得揮，甚至乎再悶熱啲㖭吖！喺台灣幫襯一啲小館臨尾都會送一碟當造水果，好多時候係橘子，夏天就多數係西瓜。以上講嘅品種由於收成期唔一樣，所以台灣嘅西瓜期都幾長，就以今年為例，因為閏六月，所以 6 月會出現兩次，今日係農曆六月初一，下一個 6 月就會係公曆 7 月 25 號，搞到今年嘅中秋節要去到 10 月 6 號！由於夏天時間長咗，食西瓜就要留意喇，好多都係 5 至 7 月食用最佳。

咁總有全年都有得食嘅品種就係華寶，不過佢係屬於大隻西瓜有成 12-17 公斤重，唔係幾啱一般小家庭，除非只係買小販切開斷斤秤咁囉。所以市面上最受歡迎嘅就係 3 至 5 公斤嘅品種，呢方面嘅選擇以黑美人呢類紅肉西瓜最為廣泛，有紅肉西瓜自然就有黃肉西瓜，選擇都唔少㗎，金蘭、新蘭、黛安娜都係表表者，香港啱啱搞嘅有機西瓜節都重點推介黛安娜品種，可見呢個品種有來頭。

好多人都知道食水果好矛盾，一方面想佢甜另一方面又怕佢果糖太高，台灣朋友教我如果想食西瓜，但又唔想食糖分過高嘅就應該揀黃肉西瓜，因為黃肉西瓜比起紅肉西瓜嘅熱量來得低，100 克只有 29 卡，而紅肉西瓜則為 33 卡。西瓜靠大邊呢個講法有佢嘅道理，但西瓜要食甜的話，大家不妨估吓應該靠邊邊？原來係下邊呀，理由得一個，地心吸力囉，糖分都落咗去呀，記住喇，仲有成個 7 月要食㗎！

茂谷柑

日本東京豐洲市場 2025 新年首場拍賣，除咗「日本一」吞拿魚競投，另外仲誕生咗「海膽王」，來自北海道函館嘅「紫海膽」，約 400 克重以 700 萬日圓（約 35 萬港元）成交，為歷來最高。除咗「日本一」同北海道「海膽王」，山形縣車厘子品種「佐藤錦」，500 克共 68 粒喺兩個市場都以創紀錄嘅 150 萬日圓（約 7.41 萬港元）成交，每粒直徑都有 2.5cm。

每次見到呢類新聞，都驚訝日本人對推廣業界真係不遺餘力，其實只係一條魚、一底海膽、一盒車厘子用破紀錄嘅價錢成交之嘛，呢個價錢我當係佢哋畀業界嘅肯定，我就打死都唔信有第二個人肯用咁嘅價錢買第二盒。就講七萬幾蚊一盒嘅車厘子，個價錢即係每一粒要成 $1090，邊個捨得食呀？講笑咩！即使喺高級水果市場送禮自用我都唔認為會有人真係會咁做。唔信，問吓啱啱中咗七千萬六合彩嗰個人吖，我賭幾多都得！

講起水果，每年農曆年前後就係台灣棗子同蓮霧嘅季節，台灣人會預早訂購，真係送禮自用㗎。呢兩種水果都係我鍾意嘅，一紅一綠過年擺埋一齊分外靚。蓮霧本身係紅色，唔同品種嘅顏色再會唔同，有啲真係紅到發紫㗎。棗子嘅顏色就係翠綠，兩種水果嘅外皮都有一種天然光澤，好似打咗蠟咁，令立立！從台灣水果商講開，佢話今年冇棗子食呀，原因係舊年台灣經歷咗三個超強颱風，令到好多果園都種唔到嘢。蓮霧好少少，不過唔會好大粒，唔夠時間吖嘛！深深明白到點解農夫漁夫每年祈求嘅都係風調雨順，佢哋真係要睇天做人！

好彩仲有茂谷柑，台灣呢嗰品種原本嚟自美國，經台大園藝系退休教授林樸於七十年代由美國佛州引進試種，由於當年種植者叫 Charles Murcott Smith，所以英文名叫做 Murcott，教授就幫佢取個中文名做茂谷，寓意啲柑可以好茂盛咁開遍山谷。而柑嘅體形比我哋食開嘅日本柑又或者內地

種植嘅都大一啲同結實一啲，清甜多汁甜酸度好平衡，本應不可多得，但佢嘅顏色係橙中帶淡淡嘅綠，仲要係好似雲石紋咁，唔多啱乜都講意頭嘅中國人。

媽媽當年辦年貨，其中一樣最重要嘅係水果，所有過年見到嘅柑都一定要有枝有葉，寓意開枝又散葉喎，我當時覺得好好笑，講吓就得我就中咗今期六合彩喇！最令我氣憤嘅係呢啲有枝有葉嘅柑全部要嚟擺唔係要嚟食嘅，往往喺過咗佢最佳時間都就嚟發霉，媽媽先准我哋食，大佬呀！留番你食喇！所以茂谷柑有度好，唔入中國人眼，先可以成為食用柑囉！

玉荷包

2021 年新西蘭原料工業部發現一批運抵當地的台灣芒果同荔枝出現幼蟲，其後確認係東方果蠅，當局當時暫停台灣芒果同荔枝入境；至於已經自台灣運抵新西蘭邊境嘅芒果同荔枝，業者可以選擇銷毀，或者將佢哋運回台灣。香港水果入口商梁東麒表示未有收到類似投訴，反指當地每年有消息指受天雨影響而出現蟲害，但完全唔擔心台灣水果嘅質素，認為台灣出口水果其實都經過嚴選。

我都認同台灣出口水果其實都經過嚴選，廿年前因為工作，同台灣結緣，每次往返乜都買一啲食嘅返香港同屋企人同朋友分享，最初買嘅係麻辣火鍋湯底同鍋料，亦會收朋友 order 代購鴨舌，當年都唔知點解我會應承，因為係食物，又重又唔壓得，簡直搵自己笨。不過通常答應得嘅都係好朋友，搞到次次都好似走水貨咁，唔知情一定認為我生意興隆！

唔同嘅朋友見我喺社交平台嘅分享，一個二個都話要跟我去玩，既然係朋友就梗係冇問題，組團擇日出發，每團嘅

玩法都唔一樣，有啲要文青路線，有啲集中食食食，我都盡力滿足佢哋嘅要求，直至有一團貴婦人，消費力強，食得豪，買得勁，最得人驚係見乜買乜，所到之處片甲不留！

有一日帶佢哋去松山區嘅濱江果菜市場，佢哋四個一到埗就即刻衝去唔同嘅檔口試食，逐樣試到真之後就一箱箱買，呢個話老公鍾意食芒果，嗰個話個仔鍾意芭樂，另一個又話daddy 鍾意釋迦，於是乜嘢都係一箱箱咁買，一啲都唔手軟，最後塞爆咗嗰架由落機跟到送返我哋去機場、車廂可以企直唔使彎身嘅小巴，真正嘅地上最強！

6 月係荔枝飄香嘅季節，5 月有妃子笑，6、7 月就輪到糯米糍同埋桂味，都係香港人鍾意食嘅品種，其實台灣出產嘅荔枝品質都高，有一款叫做玉荷包就十分獨特喇，肉厚、核細、味濃、多汁、超甜就係我對佢嘅描述！

生果副產品

黃埔海關通報，今年 5 月，廣東省出口荔枝 1685 噸，遠銷新加坡、印尼、加拿大、馬來西亞等國。最特別嘅係其中一噸荔枝通過空運發往 6700 公里外嘅杜拜，係東莞荔枝首次大批量出口至阿聯酋。本次出口荔枝一共兩款，分別係桂味同埋仙進奉，全程運輸時間約 9 小時。

少年時代讀中文學唸詩，讀到蘇東坡被貶嶺南，第一次吃到荔枝，非常喜愛。仲將佢放入詩度，其中〈惠州一絕〉佢咁寫：「羅浮山下四時春，蘆橘楊梅次第新。日啖荔枝三百顆，不辭長作嶺南人。」我咔一聲笑咗出嚟，因為屋企長輩每次食荔枝都會講一句，一粒荔枝三把火，蘇東坡一日食 300 粒，咪有成 900 把火？熱氣死佢吖！不過我同蘇東坡一樣鍾意食荔枝，最衰唔知佢當年食嘅係邊一個品種！

荔枝係亞熱帶水果，主產於中國南方，其中又以廣東最多產。由細食到大，喺街市買到嘅離唔開糯米糍、桂味同埋增城掛綠，仙進奉呢個名都係第一次見到，唔知佢乜嘢味嘅呢？但喺台灣常見嘅荔枝品種有黑葉、玉荷包、楠西早生、

三月紅、糯米糍、沙坑、桂味、淮荔等，其中，黑葉係台灣種植面積最大嘅品種。不過我最記得玉荷包呢個名亦係台灣人最吹捧嘅品種，記得係因為佢唔止個名靚亦都好好食，產期係每年嘅 5 月，到端午節前後就係盛產期，黑葉荔枝則喺 6 月到 7 月。

荔枝最令人煩惱就係熱氣，報紙健康版經常都有唔同嘅保健小貼士，其中一樣就係食荔枝每次唔可以食多過 300g，即係 10 粒咁上下，用呢個概念去衡量，蘇東坡應該好短命。保健小貼士仲教大家可以點樣降火，可以先用鹽水泡浸荔枝半粒鐘先至食用，亦可配搭其他水果，例如西瓜、梨同火龍果一齊食，亦可以事後飲涼茶解熱氣，照咁睇浸鹽水係最簡便又有效率嘅方法。

台灣水果生產過剩嘅話往往會衍生好多副產品，就好似荔枝咁，除咗可以曬果乾，做果醬，我仲飲過荔枝釀嘅酒嗱呀，但最合我心意嘅係拎去做甜品，有一個罐頭包裝嘅玉荷包銀耳露，夏天買返嚟放雪櫃，雪凍之後開一罐嚟食，包保

你嘩一聲叫咗出嚟，因為玉荷包同銀耳（即係雪耳）煮到混為一體，入口冰涼即刻可以降溫三度，熱食都得不過我呢類心急人總係冇耐性，先要翻熱再要吹涼先放入口，略嫌唔夠痛快，反正荔枝係屬於夏天嘅，雪櫃又點可以少咗佢哋嘅呢？

柿乾

消委會測試三十一款預先包裝水果乾，發現十四款樣本檢出至少三種除害劑，當中四款檢出多達十種或以上嘅除害劑，混合使用除害劑或產生「雞尾酒效應」嘅加乘效果，可能影響健康。另外，全部樣本嘅糖含量均屬「高糖」食物，其中以提子乾類別嘅平均糖含量最高，杏脯嘅平均糖含量最低。消委會提醒，水果乾嘅飽腹感比新鮮水果低，體積亦較細小，容易喺不為意嘅情況下過量進食，導致攝取過量糖分同熱量，增加肥胖嘅風險。

我係乾果個 friend，細個飲苦茶有嘢送口，唔係陳皮梅就係藥材舖嘅青色提子乾，仲記得粒粒瘦瘦乾乾皺晒皮，有啲仲有條梗吊住，而且有理由相信佢哋係新鮮嘅時候係相當酸嘅，如果品質夠高就唔使做提子乾喇。直至食到美國入口嘅小盒裝黑色提子乾，就知道人哋美國提子真係好甜，都乾晒但係啲天然糖分都仲好黐淴淴，而且大粒過藥材舖青提子乾多多聲。杏脯乾都係飲苦茶先有得食，鍾意佢啖啖肉，每次得兩片唔多夠喉。

接觸到菠蘿乾就已經係另一回事，係零食功能，小學時期食得比較多，一嚿厚切，總係思疑佢係咪用糖醃而唔係曬乾，甜到有啲過分兼且零舍多纖維，有時都會攝牙罅，嫌佢煩搞搞吓都唔再食喇。當然唔少得最多人鍾意嘅芒果乾喇，菲律賓出產嘅肯定係最好喇，唔係硬崛崛，仲係濕潤柔軟嘅，甜味非常濃縮。只不過一食到台灣出嘅芒果青之後，我就變咗心，芒果乾一般指用熟咗嘅芒果曬乾而成，芒果青就係用未熟嘅去曬，所以帶酸，更得我心。

有一段時間都鍾意食柿乾，中國製嘅係圓形嘅，有好大粒核，外面有一層白粉末，都好得我歡心㗎，嗰浸白粉叫做柿霜，其實係曬柿乾時啲天然糖分向外滲透而成。後來食到日本出品，唔係圓形，係吊墜形，細隻咗，但甜味、質地都更加優勝，真係有本事咬開啲果肉仲係橙色帶透明軟軟糯糯。有柿霜冇柿霜都好，自此成為秋天必食。

慳錢慳時間

經營往來港澳兩地載客船嘅「噴射飛航」同所屬營運公司遠東水翼船公告累計損益滾存出現負數達 2.1 億澳元。至於經營香港國際機場同澳門航班嘅港澳飛翼船，亦累積虧損約 2.67 億澳元，兩公司累積虧損共 4.77 億元。遠東水翼船董事何超瓊表示，港澳海上口岸於 2023 年 1 月 8 日重開後，受港人北上趨勢、陸路交通競爭加劇，以及競爭對手採取進取銷售策略等多重因素影響，整體客運量有所下跌。展望未來，將持續提升服務質素，進一步優化旅客嘅出行體驗。

當年 21 歲約埋一班同學去澳門，為嘅就係夠歲數入賭場展示我係成年人。嗰次我哋揀咗氹仔太白度假村，亦都係人生第一次去度假！澳門地方細乜都集中，雖然當時都仲未踏足過歐洲，已經感受到嗰股歐洲風情，自此每年至少去一次澳門度假，只為行行食食，因為我原來唔鍾意賭場嘅氣氛，冇興趣去賭。廿幾年前開始認識台灣，撞啱澳門開放賭權成個澳門好似開咗個 turbo 引擎，賭場同酒店發展高速前進，原本平平哋嘅過大海開始貴起上嚟，計吓條數發現去台灣平過去澳門，加上台灣仲有朋友呢個元素，重注落咗去台灣度！

旅行同度假嘅分別大概就係旅行要行餐死，度假就攤喺度耍廢。我 21 歲已經鍾意度假多過旅行，你話死唔死，但係好多人都嫌台灣入境往往排長龍，連攞行李閒閒哋一個鐘，有冇可能縮短時間呢？除非一年去夠三次或以上就可以申請外國人商務快速查驗通關，攞住呢張嘢就可以同台灣人一樣直出咁滯。好，今日就等我講吓實用性嘅嘢先，分享畀大家點樣可以去台灣減省入境時間。香港人好多時為咗飛行里數買嘅機票都係去桃園機場第一航廈，令到嗰度成為排晒長龍嘅重災區，最近我唔覺意買咗台灣長榮航空，原來佢降落喺第二航廈，入境幾乎係如入無人之境，速度同我用嗰張外國人商務快速查驗通關冇分別，我當場笑咗出嚟，咁以後約埋朋友一齊去的話就一定要用第二航廈，唔使我一早出咗去呆等佢哋吖嘛！

出咗機場點樣去台北市中心好呢？諗番起嚟都覺得自己太嬌縱，2025 年之前即使我自己一個人都係預約一架豪華房車，單程都要千二台幣，但係我唔耐煩經常塞車，一直希望有個更好嘅方法。我嘅「美食駐台辦」同我講，你可以試吓

喺機場搭捷運出台北車站再轉的士，省事慳錢得多。今年開始我真係試咗呢個方法，簡直係開心大發現，不過要溫提，一定要揀直達班次只停五個站，搭錯普通車會站站停，停到懷疑人生呀，大佬，唔好話我唔提你呀！直達車到台北車程要 39 分鐘，單程票價只係 160 台幣咋！之後轉的士，咁啱呢幾次住唔同酒店，搭極都係兩百幾台幣，加埋四百幾台幣，幫我慳咗八百台幣，夠我去史記牛肉麵食清燉半筋半肉麵，再跟一碟冰糖豬腳，兩餐咁多，你話係咪大癲！

書　　名：台灣好味道
作　　者：盧覓雪
封面繪畫：Man僧

出 版 社：亮光文化有限公司
Enlighten & Fish Ltd
社　　長：林慶儀
編　　輯：亮光文化編輯部
設　　計：亮光文化設計部
地　　址：新界火炭坳背灣街61-63號
盈力工業中心5樓10室
電　　話：(852) 3621 0077
傳　　真：(852) 3621 0277
電　　郵：info@enlightenfish.com.hk
網　　店：www.signer.com.hk
面　　書：www.facebook.com/enlightenfish

2025年7月初版

ISBN 978-988-8884-61-2
定　　價：港幣＄138

法律顧問：鄭德燕律師

商台統籌：古善群、何蔓兒
商台製作有限公司
香港九龍廣播道3號
電　　話：(852) 2336-5111
傳　　真：(852) 2338-9514

授權出版